GUIARAMA COMPACT

AF277717

Budapest

ANAYA
TOURING

Autor: **Iñaki Gómez**
Actualización: **Alicia Aparicio**

Responsable de proyecto: **David Lozano**
Edición: **Anaya Touring**
Técnico editorial: **Lola García**
Cartografía: **Anaya Touring**
Diseño tipográfico y de cubierta: **marivies**

Todas las fotografías pertenecen a **Shutterstock excpeto:**
AGE: 31, 33 inf., 53a, 102. **Fotolia:** 14, 92 (2), 25, 27, 110-111.
Getty Images: 114 detalle. **IStockphoto:** 13, 18-19, 22 dech.,
28, 29, 34-35, 38, 44-45, 64 detalle, 64, 72, 74 sup., 96, 100 detalle, 107, 123, 127 inf. 129. **Oficina de Turismo de Hungría:** 115
(4). **Ramón Ortega P./Anaya:** 12. **Remedios Valls/AT:** 72, 73,
74 inf., 78, 81, 84, 88 inf., 92 (2). **123 RF:** 11 inf., 16, 36, 50, 53,
54, 68, 70, 71, 73, 80, 85, 88, 91, 100, 105, 112, 118 (2) 119, 128.
Depositphoto: 12, 22 izq., 23 inf., 33 sup., 78, 97, 109, 116, 117,
121, 125, 126, 127 sup., 130. **Dreamstime:** 94 (3), 106, 131, 132.

12ª edición: 2025

© Grupo Anaya, S. A., 2025
 Valentín Beato, 21. 28037 Madrid
 www.guiasdeviajeanaya.es

Depósito legal: M-25.814-2024
ISBN: 978-84-9158-876-4
Impreso en España-Printed in Spain

PAPEL DE FIBRA
CERTIFICADO

La información contenida en esta guía ha sido cuidadosamente
comprobada antes de su publicación. No obstante, dada la
naturaleza variable de los datos, recomendamos su verificación
antes de salir.

Contenido

Cómo usar esta guía

Esta **Guiarama** de **Budapest** se divide en cinco secciones que abarcan los aspectos más importantes de su visita.

Una mirada a Budapest, páginas 6-17

Presentación
La esencia de Budapest
No hay que perderse...
Un poco de historia
Naturaleza y paisaje
Húngaros ilustres

Diez lugares inolvidables, páginas 18-33

La elección del autor de los diez lugares más atractivos de la ciudad, todos con información práctica.

Visita a la ciudad, páginas 34-111

Se divide la visita en cuatro partes: **Buda** y **Pest**, dedicadas al centro de la ciudad; **Óbuda (El Viejo Buda)** y **Aquincum**, donde se describen otros barrios y **Excursiones desde Budapest.** Cada parte incluye una introducción y el listado de los lugares más interesantes.

Información práctica
Paseos a pie
Gastronomía

Dónde..., páginas 112-131

Información detallada sobre restaurantes, alojamientos, compras, ir con niños y ocio. Información práctica, índices de lugares citados.

Mapas y planos

Todos los lugares citados en la visita incluyen la referencia de su situación, en el plano de las páginas 42-43.
Por ejemplo, la **Magyar Nemzeti Galéria** va acompañado de la referencia 🔾 42 (C2), que indica la página en la que se encuentra en el mapa (42) y las coordenadas (C2) donde se halla el edificio.

Precios

El precio aproximado de los establecimientos se indicará mediante los signos:

C caro, **M** moderado y **E** económico

Clasificación por estrellas

La mayoría de los lugares descritos en el libro se han clasificado por su grado de interés como sigue:

★★★	Visita obligada
★★	Muy interesante
★	Interesante

SÍMBOLOS UTILIZADOS

A lo largo de la guía se han utilizado símbolos sencillos y claros para indicar las siguientes categorías:

- 🕐 referencia a los planos de la ciudad
- ✉ dirección o localización
- ☎ número de teléfono
- 🕓 horario
- 🍴 restaurante o café
- Ⓜ estación de metro más cercana
- 🚌 rutas de autobús o tranvía
- 🚆 estación de tren más cercana
- 🌐 página web
- ℹ información turística
- ♿ servicios para discapacitados
- 🎟 entrada
- ➕ otros lugares de interés
- 🅘 más información práctica
- ▶ referencia a la página con información más detallada

Una
mirada

Presentación

▌ Descendientes de Atila

A Hungría se le ha atribuido un pasado relacionado con los hunos. No existe ninguna conexión entre ambos pueblos, pero una minoría en el país reivindica ser descendiente del "azote de Dios". Estos representantes explican que se han despojado de su antigua imagen de crueles saqueadores y que ahora son un pueblo pacífico y apacible, aunque precisan que existe una mistificación sobre su pasado y que Atila es para ellos un "ideal" y una especie de "sacerdote mayor".

▲ Vista de la ciudad con el puente de las Cadenas.

Budapest está ubicada en las dos orillas del río Danubio. Tiene casi dos millones de habitantes y es el centro de la administración estatal húngara. Es también sede de la cultura, de las ciencias, de la industria, del comercio y de las comunicaciones del país magiar. La ciudad se fundó en 1873 mediante la fusión de las ciudades de Buda, Pest y Óbuda.

Por un lado está Buda, dueña de un ambiente romántico. Constituye la zona montañosa que mira hacia Occidente y ofrece la parte palaciega y los edificios medievales.

Por otro lado, Pest es burguesa y llana. Mira hacia Oriente, donde arranca la estepa húngara, y es sede de la administración, el comercio, los cafés y las viviendas del siglo XIX. El conjunto forma una perfecta representación de la autenticidad de las viejas capitales del centro de Europa.

Divididas por el Danubio, Buda y Pest se encuentran indisociables a través de sus puentes, así como por un pasado lleno de hechos trágicos y destrucciones.

Producto de las consiguientes reconstrucciones, lo que hoy ofrece Budapest es una bella ciudad con un punto de melancolía, pero orgullosa de un pasado en el que siempre ha estado obligada a elegir entre Oriente y Occidente.

Perfil de Budapest

Geografía

Hungría está en el centro de Europa, en la cuenca de los Cárpatos, ocupando una superficie que supone el uno por ciento del continente. La anchura del país, de norte a sur, es de 268 km, mientras que de este a oeste su longitud alcanza los 528 km, con unas fronteras que se extienden a lo largo de 2.246 km.

El territorio forma parte de la cuenca danubiana, con el gran río atravesando el país en un tramo de 417 km, y afluentes que descienden desde las montañas circundantes hacia la zona de la llanura.

Su orografía es poco accidentada, con dos terceras partes del territorio llanas y zonas montañosas de suaves relieves en los Montes del Transdanubio, la Cordillera Central del Transdanubio, la región Subalpina y la Cadena Montañosa del Norte. La parte central y oriental del país recibe el nombre de Alföld (Llanura), la zona occidental Kisalföld (Pequeña Llanura), mientras que el centro es un altiplano.

Economía

Budapest es el centro de la administración estatal y sede de la industria, el comercio, las comunicaciones, la cultura y las ciencias. A comienzos del siglo xx, las infraestructuras se concentraron en la capital, con una condensación aún mayor en la etapa comunista, que solo se moderó a partir de la década de los 90 gracias a la industrialización del campo.

Con la entrada en el sistema de libre mercado, Hungría ha visto transformada su estructura económica y laboral, con una disminución de la población agrícola, un aumento del número de ocupados en la industria y el crecimiento del sector servicios.

El cambio de la estructura económica, ocurrido en la década de los 90, provocó un rápido crecimiento del desempleo que en 2014 rebasó el 10 por ciento de la población activa.

Idioma

El idioma húngaro o magiar no es una lengua indoeuropea, sino que pertenece a un grupo en el que se incluyen el finés, el estonio y algunas lenguas minoritarias del país, pero el inglés se ha impuesto por completo en los últimos años, y convive con el húngaro como segunda lengua del sistema educativo, hablada por todos los ciudadanos menores de 40 años y presente por completo en los negocios relacionados con el turismo.

Clima

La ubicación de la ciudad en el corazón de Europa conlleva un clima continental, con inviernos fríos, veranos calurosos y estaciones intermedias marcadas por las lluvias. La temperatura media es de 11 ºC; el mes más frío es enero y agosto el más caluroso. Primavera y otoño son las estaciones más aconsejables para viajar, a pesar de las frecuentes lluvias. En verano el calor puede resultar fastidioso, mientras que en invierno la ciudad queda medio paralizada por las nevadas y se restringen las actividades.

La **esencia** de **Budapest**

Dicen que Budapest es el "París o la Florencia del centro de Europa" o la "perla del Danubio", pero esto no hace justicia a la capital húngara. Su esencia está fuera de posibles comparaciones, ya que Budapest es única y genuina, una ciudad melancólica que ha fundido belleza y tragedia según la historia le aportaba esplendor o miserias. Pocos lugares recorren mejor la historia de la Vieja Europa como este. Budapest es una ciudad de ensueño. El sueño del Danubio, que consagra para siempre la unión de Buda y Pest.

No hay que perderse...

Por muy larga que sea la estancia en Budapest, el viajero se marcha con la sensación de que ha dejado cosas por descubrir. Puede ser un aliciente para regresar y disfrutar de los atractivos que la capital húngara esconde.

▌ **Disfrutar de la melancolía del Danubio,** paseando por sus riberas y cruzando sus puentes, con especial atención al Puente de las Cadenas, el más antiguo y bello de los que cruzan el río en Budapest.
▌ **Visitar el Palacio Real y sus museos,** después de haber subido a la Colina del Castillo en el funicular.
▌ **Detenerse en la iglesia de San Matías** para contemplar el monumento más destacado del distrito del Castillo y el edificio religioso más bello.
▌ **Ascender al monte Gellért** para tener una de las mejores vistas del Danubio y de toda la ciudad.
▌ **Relajarse en los baños Gellért, Rudas, Király Szent Lukács o Széchenyi** y ver por qué Budapest es la capital mundial de los baños termales.
▌ **Recordar los pasajes** más emotivos de la historia en el Parlamento o en el Barrio Judío, donde destaca la Gran Sinagoga, con el monumento al Holocausto.
▌ **Deleitarse con la repostería húngara** en alguno de los magníficos cafés decimonónicos de inspiración vienesa como el *Gerbaud* (Vörösmarty tér 7) o el renovado café *New York* (Erzsébet Körút, 9-11).
▌ **Descubrir los detalles ornamentales** de los edificios estilo Secesión, como el Museo de Artes Aplicadas, el Palacio Gresham, la Caja Postal de Ahorros, el Hotel Gellért o el Instituto de Geología.
▌ **Hacer compras** de recuerdos y artesanía, alimentos y bebidas en el Mercado Central o por Váci utca y aledaños, y de antigüedades por toda la ciudad.
▌ **Asistir a un concierto en el Teatro de la Ópera.**

▲ Piscina interior en los baños Gellért.

◀ Detalle del estilo Secesión.

▼ Vista desde el Bastión de los Pescadores.

Un poco de historia

▲ Retrato de Francisco José I.

Siglos I y II El emperador Augusto romaniza la región del Transdanubio para proteger las fronteras del Imperio frente a las tribus bárbaras. Los primitivos campamentos militares dieron paso en el siglo II a las provincias de *Panonia Superior* y *Panonia Inferior,* cuya capital *Aquincum* se extendía al norte de la actual Óbuda.

Siglo V Atila y los hunos fueron los únicos que consiguieron conquistar y dominar *Panonia* completamente. Tras la muerte del monarca, la región volvió a ser invadida por tribus germánicas hasta que se instalaron en ella los ávaros.

Siglo IX El rey Árpád se instala en la estepa húngara después de haber aglutinado a las siete tribus magiares.

1241 La invasión de los tártaros siembra la destrucción en el país hasta que el rey Béla IV los expulsa definitivamente.

1301 Fin de la dinastía de los Árpád. Comienza un periodo convulso hasta que sube al trono Segismundo de Luxemburgo.

1456 Juan Hunyadi, capitán de Belgrado, consigue frenar el ataque de los turcos. En 1458 su hijo, Matías Corvino, es nombrado nuevo rey de Hungría.

1526 Los turcos derrotan a Luis II en la batalla de Mohács, abriendo un periodo durante el cual Hungría quedó dividida en tres partes, con Buda bajo mandato turco.

▼ Estatuas dedicadas a los héroes magiares.

1686 Tropas de varios países europeos –entre las que destacan austriacos y polacos– reconquistan Buda. Comienza el gobierno de los Habsburgo austriacos.

1703-1711 Lucha de Independencia encabezada por el príncipe Ferenc Rákóczi, que termina en fracaso.

1848 El 15 de marzo estalla en Pest una revolución dirigida por el poeta Sándor Petöfi, que es aplastada por el emperador austriaco Francisco José I.

1867 El *Ausgleich* (Compromiso) de 1867 establece las bases del Imperio austrohúngaro bajo el axioma "Un rey para dos Estados soberanos", por el cual los húngaros tenían un gobierno propio.

1873 Nace Budapest de la unión de Buda, Óbuda y Pest.

1918 Tras la caída de la dinastía de los Habsburgo se proclama la inestable República Independiente de Hungría, que finaliza en 1920 con la dictadura del almirante Miklós Horthy.

1944 El ejército alemán ocupa el país en marzo, dando el poder al partido fascista *La Cruz Flechada*. Hasta la liberación por los soviéticos en febrero de 1945, se produjeron deportaciones de judíos.

1948 Se proclama la República Popular de Hungría.

1990 Se realizan los primeros comicios libres de la historia húngara, que dieron paso a un gobierno de coalición de partidos de derecha y socialdemócratas.

1999 Hungría es admitida como miembro de pleno derecho en la OTAN.

2004 Se convierte en miembro de la UE.

2010 Hungría es uno de los países de Centroeuropa más afectados por la crisis económica. István Tarlós es elegido alcalde de Budapest.

2011 El Parlamento aprueba una nueva Constitución.

2016 El 31 de marzo fallece el escritor húngaro, Premio Nobel de Literatura en 2002, Imre Kertész.

2018 Victoria del Primer Ministro Viktor Orbán y su partido conservador Fidesz en las elecciones parlamentarias de abril.

▲ Monumento al Milenario.

2022 Se dan lugar manifestaciones masivas en Budapest reivindicando una reforma en el sistema educativo que acaban en una ley que recorta los derechos de los profesores.

2024 Hungría asume la presidencia de la Unión Europea hasta final de año en medio de un clima de tensión con el resto de países miembros.

Naturaleza y paisaje

❙ Parques y jardines

No hace falta desplazarse mucho en Budapest para encontrar parques y zonas verdes que permitan al visitante relajarse y alejarse del bullicio que reina en el centro de la ciudad. La capital húngara tiene una buena dotación de parques y jardines, pero dos de ellos son los más visitados por las familias húngaras.

Városliget (Parque Municipal) escapa de la denominación de parque, ya que es más una zona de recreo con lagos artificiales, jardín zoológico, parque de atracciones y réplicas de edificios históricos. En cualquier caso, se respira aire puro, pues no en vano hay un total de 6.907 árboles, entre los que merece ser destacado el roble que crece en la orilla del lago artificial; su historia no deja de ser singular, ya que pasó 70 años de su vida en la calle Vágány, hasta que en 1977 fue trasladado en una operación arriesgada a su actual emplazamiento, donde sobrevive con éxito.

Margit Sziget (isla Margarita) ha sido lugar de descanso desde hace más de 2.000 años, cuando los romanos instalaron en la isla residencias para relajarse. La isla es, por un lado, un centro deportivo con piscinas, baños y canchas de todo tipo, y por otra parte un espacio natural donde se combinan la zonas de césped con grandes masas de arbolado abundantemente pobladas de robles, fresnos y hayas. El valor de su flora se ve incrementado por el minijardín botánico, Alpinarium, situado en el extremo norte de la isla, que cuenta con varios estanques y cascadas alrededor de los cuales crecen plantas exóticas.

❙ Fauna

Es necesario alejarse unos kilómetros del centro –unos 30 km, si se eligen las Colinas de Buda–, para observar algunas de las especies de animales salvajes características de la Europa Central.

Entre las aves destacan: búhos, águilas ratoneras, halcones, ruiseñores y mirlos; mientras que en las zonas boscosas, de matorrales y vegetación baja, se pueden llegar a descubrir ardillas y erizos junto a animales más grandes como jabalíes, corzos, zorros y ciervos.

❙ A las afueras de la ciudad

La mejor opción son las **Colinas de Buda**, ya que todas están cubiertas de bosque y existe cierta diversidad vegetal y faunística que está bajo estricta

▼ Monumento al Centenario en Isla Margarita.

conservación, debido a su alto valor biológico. Toda la zona pertenece al Parque Nacional del Danubio-Ipoly, con un acceso libre que permite el recorrido a pie, en bicicleta o por el tren infantil de cremallera. La colina más conocida es **Jánoshegy** (Monte de Juan) de 433 m, cuyo principal valor es paisajístico, dado que ofrece unas inmejorables vistas de Budapest y de la Puszta (Gran Llanura Húngara). La **Colina Normafa** es también una zona de recreo que, con 477 m de altitud, es frecuentada en los meses de invierno puesto que dispone de instalaciones para esquiar.

▲ Lago artificial y palacio en los jardines de Városliget.

Otra opción es el pequeño pueblo de **Budakeszi,** donde se localiza un *arboreto* (jardín botánico dedicado primordialmente a árboles) de especies propias de Europa Central y una reserva de caza, la más cercana a Budapest, donde los animales viven en completa libertad en el hábitat natural de los bosques.

Un caso especial es el **Parque Nacional de Monte Sas,** también en las Colinas de Buda, que con sus 30 ha. es un caso único de formación natural en un entorno urbano de más de dos millones de habitantes. Contiene especies típicas de la flora húngara junto a otras propias del mediterráneo y de la estepa rusa.

En su fauna se pueden encontrar especies endémicas como la araña mariquita *(Eresus cinnaberinus)* o la lagartija de Pannonia *(Ablepharus kitaibelii),* la cual, a pesar de tener extremidades, repta como una serpiente.

Húngaros ilustres

▌Ser húngaro

"No basta con tener talento. También hay que ser… húngaro".

Robert Capa

"Un húngaro es alguien que entra detrás de ti en una puerta giratoria y sale antes que tú".

Billy Wilder

"Ser húngaro es un estado de ánimo neurótico colectivo".

Arthur Koestler

► Escultura de Ferenc Liszt.

▼ Robert Capa.

▌Ferenc Liszt (Sopron 1811-Bayreuth 1886)

Fue el músico húngaro más universal. Revolucionó la técnica pianista y fue el creador del poema sinfónico y de las rapsodias húngaras. Deslumbrado por la habilidad del violinista Paganini, aplicó el mismo virtuosismo al piano. Se retiró de los escenarios en 1847 para dedicarse a la composición, la dirección y la enseñanza en Weimar, Roma y Budapest, donde presidió la Academia Húngara de la Música.

▌Béla Bartók (Miklós 1881-Nueva York 1945)

Forma con Liszt y Kodály el trío de compositores húngaros internacionales. Su obra arranca del nacionalismo y termina en la abstracción musical, aplicando en todos los estilos aportaciones imprescindibles en los fundamentos de la música contemporánea. Sus primeros pasos se dirigieron hacia la interpretación pianística, pero pronto se inclinó por la composición musical.

En su evolución fue trascendental el descubrimiento del folclore húngaro, que estudió de manera apasionada de pueblo en pueblo con ayuda de un rudimentario fonógrafo y papel pautado. La influencia del folclore fue la principal característica de su estilo, pero como punto de partida para una música absolutamente original y ajena a los grandes movimientos de la primera mitad del siglo XX, neoclasicismo y el dodecafonismo.

▌Robert Capa
(Budapest 1913-Thai Binh, Vietnam 1954)

Seudónimo de Andrei Friedmann, corresponsal de guerra que renovó el reportaje fotográfico con su trabajo en contiendas como la Guerra Civil Española, la Segunda Guerra Mundial y el conflicto en Indochina. Se exilió en Alemania en 1931 por su relación con grupos de tendencia izquierdista.

El prestigio universal le llegó a partir de sus reportajes para la revista *Life* en la Guerra Civil Española, donde la instantánea *Muerte de un Miliciano* está considerada una metáfora de la contienda, y en la Segunda Guerra Mundial, donde inmortalizó el desembarco de Normandía.

En 1947, con Henri Cartier-Bresson, fundó *Magnum*, la primera agencia de fotógrafos independientes para la que trabajó en Oriente Medio y en 1954 en Indochina, donde murió destrozado por la explosión de una mina.

Arthur Koestler

(Budapest 1905-Londres 1983)

Escritor, periodista e intelectual nacionalizado británico. Militante comunista en los años treinta, fue corresponsal en la Guerra Civil Española y en la Segunda Guerra Mundial, durante la cual fue evolucionando hasta posiciones críticas con el estalinismo, al ser testigo de las purgas de las que fueron víctimas los brigadistas de los países que cayeron en la órbita soviética.

En la década de los 60 se interesó por temas científicos y parapsicológicos sin dejar de ser un apasionado divulgador de tesis anticomunistas. Al término de su vida se hizo miembro de una sociedad que defendía la eutanasia. El avance de una enfermedad le llevó al suicidio junto con su esposa.

Victor Vasarely (Pécs 1908-París 1997)

Pintor afincado en París asociado al arte cinético y máximo representante del *op-art*. Estudió las teorías y los métodos de la Bauhaus en Budapest y posteriormente se estableció en París, donde alternó el trabajo como publicista con sus investigaciones pictóricas, en las que incorpora la dimensión temporal a la forma plástica ya iniciado por los futuristas.

Ladislao Kubala

(Budapest 1927-Barcelona 2002)

Fue sin duda uno de los jugadores más emblemáticos de la década de los años 50 y caso único de haber sido internacional con tres selecciones: Hungría, Checoslovaquia y España. En 1945 fichó por el Bratislava checoslovaco durante tres temporadas, para posteriormente pasar a jugar de nuevo en el *Ferencvaros*. En 1951 llegó a España y fichó por el Barcelona. En 1953 cambió su condición de apátrida por la ciudadanía española.

Otros personajes ilustres

Ignác Semmelweis (1818-1865). Médico que descubrió la relación entre la asepsia y la mortalidad infantil.

Elie Wiesel (1928). Escritor, superviviente de los campos de concentración nazi y activista en la divulgación del holocausto.

Dennis Gabor (1900-1979). Físico húngaro, nacionalizado británico, que en 1971 recibió el Premio Nobel de Física por la invención de la holografía.

Lajos Zilahy (1891-1974). Escritor y periodista exiliado en París y Londres. Entre sus novelas más conocidas figuran *El desertor*, *El alma se apaga* y *Las cárceles del alma*.

10

Lugares
inolvidables

Colina del Castillo

1

La Colina del Castillo *(Várhegy)* es el origen de Buda. Una ciudadela en lo alto de una colina donde se concentran palacios, iglesias, residencias y museos que la convierten en la atracción turística por excelencia de la capital húngara.

Info

- ⊙ 42
- ✉ Budapest I
- ⊙ Acceso libre excepto a los museos
- 🚋 Funicular Budavári Sikló junto al Puente de las Cadenas. De 7.30 h a 22 h. 4 €
- 💶 Gratuito, excepto los museos, la iglesia de San Matías y un pequeño paseo elevado sobre el Bastión de los Pescadores

Hadtörténeti Múzeum (Museo de Historia Militar)
- ✉ Kapisztrçan tér 2
- ⊙ De martes a domingo de 9 a 17 h
- 💶 5 €
- 🌐 www.militaria.hu

Confitería Ruszwurm
- ✉ Szentháromság str. 7
- 🌐 www.ruszwurm.hu

▶ Bastión de los Pescadores.

▼ Funicular (sikló) de acceso a la colina del Castillo.

Su ubicación, donde la llanura de Pest se convierte en las montañas de Buda, remite a funciones defensivas, ya que el promontorio de caliza resguardó a quienes buscaban en las alturas la protección frente a los pueblos invasores que durante la historia pasaron por las llanuras del Danubio. Ha sido fortaleza, castillo, burgo medieval de artesanos, bastión turco y la ciudadela donde se origina Budapest. Es el distrito donde permanecen los vestigios medievales de Budapest. Tiene dos partes bien diferenciadas, de las cuales una está ocupada en su integridad por el **Palacio Real de Buda** (▶40), mientras que la otra, la **Ciudad Antigua,** es donde vivía la población en la Edad Media y donde se sitúan iglesias, mansiones y museos.

El mejor acceso se realiza mediante el **funicular (sikló),** que deposita al viajero en uno de los excelentes miradores que bordean todo el perímetro de la Colina del Castillo. En su interior, la residencia de los Habsburgo y sede de museos del Palacio Real es en sí mismo un escenario indispensable de Budapest, mientras que la **iglesia de San Matías** (▶55), donde se coronaron tres reyes húngaros, es el monumento más destacado de la ciudad antigua y sin duda el edificio religioso más bello de Budapest. Cuenta con una rica colección de relieves de piedra, reliquias y recuerdos de coronación.

Otros atractivos que no desmerecen son el **Bastión de los Pescadores** (▶50), una especie de fortaleza desde cuyos miradores se obtiene una inmejorable panorámica de la ciudad, así como del omnipresente Danubio; la **calle Fortuna,** con sus restaurantes y casas solariegas, los vestigios medievales del *Hotel Hilton* o la extensa nómina de museos de la que forman parte el **Hadtörténeti Múzeum** (Museo de Historia Militar), **Telefónia Múzeum** (Museo del Teléfono) y el **Arany Sas Patikamúzeum** (Farmacia del Águila Dorada).

El recinto es también un lugar propicio para el paseo por las callejuelas peatonales, donde se pueden encontrar **cafeterías** como el **Ruszwurm,** que remiten a las épocas de esplendor imperial, idónea para degustar su excelente *strudel* de manzana.

Cerca del Café Miró, precisamente, está la **estatua de András Hadik** (1710-1790) "el más húsar de todos los húsares", que fue comandante del Castillo de Buda. Una visita a los cuartos traseros de su caballo descubre unos testículos brillantes y lustrosos. La leyenda dice que tocarlos da buena suerte, y eso es lo que han hecho generaciones de estudiantes húngaros antes de sus exámenes.

▲ Monumento a San Esteban.

▼ La colina del Castillo con la iglesia de San Matías al fondo.

El Danubio (Duna)

"El Danubio transcurre grande, y el viento de la noche pasa sobre los cafés al aire libre como la respiración de una vieja Europa que tal vez se encuentre ahora en los márgenes del mundo y no produzca, sino solo consuma historia".

Claudio Magris, *El Danubio.*

EL Danubio atraviesa la ciudad de norte a sur con algunos puntos en los que el cauce supera los 600 m de ancho. Sin embargo, el potencial del gran río europeo reside en la forma con la que vertebra la ciudad, ya que Budapest es uno de los mejores ejemplos de urbe fluvial.

Hay que tener en cuenta que no se trata de un río cualquiera: el Danubio es el emperador de los ríos europeos, el que más carácter tiene y el más cargado de historia.

El río une Buda y Pest en una sola entidad, cuya imagen no se puede concebir sin los puentes que lo cruzan y los edificios reflejados en sus aguas. En toda visita a la capital húngara es obligado pasear por **muelles** como el romántico **Duna Korzó**, que al atardecer adquiere su mayor atractivo; en él se ubican los embarcaderos de los cruceros que durante una hora aproximadamente recorren los tramos más interesantes del río.

Pero los mejores momentos, sin duda, los aportan cualquiera de los puentes que cruzan el río. El **Puente de las Cadenas** y el **Puente de la Libertad** (Szabadság híd) son los preferidos para sentir toda la ensoñación y languidez que evocan Budapest y el Danubio.

▌Huellas del Holocausto

En este punto del Danubio, frente a la cúpula principal del Parlamento, eran arrojados los judíos, atados en parejas y tras disparar a uno de ellos. La hilera de zapatos –obra del artista Gyula Pauer– pretende recordar a aquellas personas, como si no hubiesen desaparecido y aún estuvieran esperando a que sus dueños saliesen del agua.

► Puente de la Libertad.

▼ Monumento de los Zapatos, en recuerdo a las víctimas del nazismo, a orillas del Danubio.

Baños termales

Con más de 120 baños termales *(Gyógyfürdö)*, Budapest está considerada la capital mundial del termalismo urbano. El terreno está surcado por 14 fuentes subterráneas que brotan al exterior a través de 123 manantiales de aguas termales y más de 400 con propiedades curativas.

3

Info

- 43 (D4) f. p.
- L-D: 6-22 h, con variaciones según el centro
- Baños Gellért www.gellertfurdo.hu
- Baños Rudas www.rudasfurdo.hu
- Baños Király www.kiralyfurdo.hu
- Baños Szent Lukács www.lukacsfurdo.hu
- Széchenyi www.szechenyifurdo.hu Para más información sobre los balnearios consulte la página web de los baños terapéuticos y termales de Budapest, S.L.C.
- www.spasbudapest.com

Fueron los romanos que llegaron a *Aquincum* en el siglo I los primeros en gozar de los manantiales de agua caliente, pero no sería hasta la ocupación turca cuando los baños se instalaron en la cultura popular de Budapest.

Tomar las aguas es una actividad cotidiana que el viajero no debe dejar de experimentar. Existen instalaciones para todos los gustos, con posibilidad de darse un simple baño en una piscina termal, recibir masajes, tomar un baño de barro, ingerir aguas ferruginosas o recibir tratamientos curativos o de belleza.

Las aguas de los **Baños Gellért** (▶49) contienen calcio, magnesio, flúor, cloruros alcalinos y azufre. Por ello, se recomiendan para los dolores musculares y dolencias nerviosas. Si bien la visita resulta obligada tan solo por la bella **piscina de columnas** y el estilo Secesión del edificio.

Rudas y **Király** son los baños más representativos. Destacan las piscinas centrales con cúpulas en las que unos cristales de colores incrustados dejan pasar la luz. Entre los favoritos, también se encuentran los **Baños Széchenyi** (▶93), considerado el complejo termal más grande y completo de Europa, con una enorme piscina al aire libre donde sus impenitentes jugadores de ajedrez han sido mil veces fotografiados.

▲▼ Baños Széchenyi.

Monte Gellért

4

Junto con la colina del Castillo, el Monte Gellért *(Gellért-hegy)* ofrece un perfil inconfundible en el conjunto urbano de Budapest. Se trata de un cerro rocoso, de 235 m, cuya cima es algo más que una simple atalaya.

Info

- ⏱ 42 (D2-3)
- ✉ Budapest I, XI
- 🔓 Acceso libre

Su interés no se limita al de simple mirador, ya que en su cumbre se ubica el **monumento de la Liberación,** cuyo perfil es visible desde cualquier punto de Pest, especialmente al ponerse el sol, gracias a su iluminación nocturna. Dicho monumento, diseñado por Zsigmond Kisfaludi Stróbl, fue inicialmente erigido a mayor gloria de los soldados soviéticos (1947) y posteriormente "tuneado" en homenaje a los luchadores húngaros. La estatua de bronce –una figura femenina que sujeta hacia lo alto una hoja de palma– mide 14 m de altura y se eleva sobre un pedestal de 26 m.

En la cima se localiza también la **Ciudadela,** una fortificación construida para sofocar revueltas, tras la guerra de Independencia de 1848-1849, que jamás fue utilizada. En la actualidad contiene algunas reliquias militares de limitado interés y un centro hostelero mucho más sugestivo. Al Monte Gellért (Monte de Gerardo) se puede ascender mediante transporte público y descender por un camino para detenerse ante la **capilla Rupestre,** cuyo acceso estuvo tapiado durante el régimen comunista, y contemplar el **monumento al obispo Gellért,** que, según la leyenda, fue arrojado al Danubio por los magiares que se negaban a ser cristianizados.

Del interior de la colina brotan tres manantiales termales que se aprovechan en los **Baños Gellért, Rudas** y **Rácz,** y que se encuentran situados en la vertiente del promontorio que mira al Danubio.

▶ Monumento al obispo Gellért.

▼ Monumento a la Liberación.

Puente de las Cadenas

Aproximadamente de 380 m de longitud, el Puente de las Cadenas *(Széchenyi Lánchíd)* fue el primero que unió las dos orillas del Danubio en una obra de ingeniería pionera en su época. De noche, cuando está iluminado por miles de bombillas, ofrece una de las imágenes más seductoras de la ciudad.

5

Budapest cuenta con varios puentes sobre el Danubio, pero ninguno simboliza la unión de las dos ciudades tanto como el de las Cadenas. Es sin duda el más carismático, famoso y fotogénico. El proyecto de su construcción fue encomendado en 1839 al ingeniero William Clark, y la obra fue llevada a cabo en 1849 por el escocés Adam Clark, que es uno de los pocos extranjeros que tienen el honor de figurar en la galería de héroes en Hungría. Cuando fue inaugurado, se convirtió en el primero que unió Buda y Pest, sustituyendo el primitivo sistema de barcazas flotantes.

Es recomendable cruzarlo a pie en cualquier época del año para observar los detalles de las torres que sostienen los tirantes de cadenas, los leones sin lengua de la orilla de Pest o los edificios a ambas orillas del Danubio, con especial atención al **Palacio Gresham** y la **Academia Húngara de Ciencias**, en Roosevelt tér. Los mejores momentos llegan, no obstante, al anochecer, con el reflejo en el agua de sus luces, o los fines de semana de julio y agosto, cuando se corta al tráfico.

Otra obra maestra de ingeniería es el **Puente de la Libertad** (Szabadság híd), que une Vámház körút, en Pest, con el sur de Buda. Tiene 331 m de largo y está decorado con las imágenes del *Turul,* el símbolo de los antiguos magiares, que representa un ave mítica.

Info

- 🚋 42 (B2-3)
- ✉ Clark Ádám tér y Roosevelt tér
- 🕐 Tráfico peatonal todo el día

Parlamento

Símbolo de la independencia húngara, el Parlamento *(Országház)* es un enorme edificio de 268 m de largo y 96 m de alto en su cúpula central.

6

Info

- ⏱ 43 (A3)
- ✉ Kossuth Lajos tér 1-3, Budapest V
- ☎ Visitas: 441 4904
- 🕐 De abril a octubre, de lunes a sábado de 8 a 18 h; de noviembre a marzo, de lunes a sábado de 8 h a 16 h
- 💻 www.parlament.hu
- 💶 8 €

▶ Interior y exterior del edificio del Parlamento.

La construcción del Parlamento húngaro era un deseo latente en los nacionalistas húngaros después de que el poeta Mihály Vörösmarty hubiera lanzado, en 1846, su proclama: "La patria no tiene casa". Cuarenta años más tarde, se promulgó una ley para trasladar la Asamblea Nacional a Pest y así poder anunciar por fin que había sido construida "La Casa de la Patria". El concurso de ideas abierto en 1882 fue ganado por el profesor de la Universidad Técnica Imre Steindl (1839-1902), que reconocía que no quiso crear un nuevo estilo arquitectónico, porque no quería aportar detalles efímeros a un edificio que debía durar cientos de años.

Su propósito de introducir el espíritu nacional húngaro en una cierta estética medieval tuvo como resultado una soberbia obra neogótica inspirada en

el Parlamento de Londres, cuya mejor contemplación se puede llevar a cabo desde la orilla de Buda.

El interior es magnífico, empezando por la **escalera de Honor,** considerada uno de los logros más brillantes de Steindl, que no reparó en gastos en la decoración, ya que encargó a Károly Lotz las pinturas de las paredes del acceso, con alegorías sobre la historia de Hungría.

El **salón de la Cúpula** es una insólita estancia, por la original estructura en forma de estrella que hace aumentar la sensación de magnitud; por su parte, en el **salón de Sesiones** destaca la decoración neobizantina y la compleja estructura de herradura con palcos y galerías.

Teatro de la Ópera

7

El *Magyar Állami Operaház* es el conjunto monumental más notable de la avenida Andrássy. Se trata de un edificio resuelto en estilo neo-renacimiento italiano inspirado en la Ópera de Viena.

El viaje al esplendor del Imperio Austro-Húngaro que se realiza en Andrássy út, llega a su culminación en el Teatro de la Ópera, donde todos los detalles son un alarde de opulencia y un intento de superar la magnificencia de Viena. El edificio fue un encargo del emperador Francisco José al arquitecto Miklós Ybl, que dio comienzo a las obras en 1875 y las finalizó en 1884. El estilo de sus fachadas obedece a líneas inspiradas en el Renacimiento italiano, con estatuas como principal motivo decorativo.

El frente lateral presenta un pórtico con tres arcos enmarcados por grandes estatuas de Liszt y Ferenc Erkel, el primer director de la Ópera Nacional. El interior es un alarde de mármoles, dorados y pinturas realizadas por Károly Lotz, con la **escalera de entrada** como primera y grandiosa impresión, ya que tiene dimensiones imperiales, además de la gran araña de luces, columnas de mármol y murales.

La **gran sala** es voluptuosa en su derroche de dorados y púrpuras, y por estar coronada por la inmensa pintura del techo, obra de Károly Lotz, que muestra divinidades griegas con Apolo en el centro y una enorme araña de luces de bronce de tres toneladas.

El conjunto es un espacio mítico para los amantes de la música, el ballet y la ópera. La nómina de directores titulares abarca todo el elenco de los grandes del siglo xx, con Mahler y Kemplerer a la cabeza.

Info

- 43 (A4)
- Andrássy út 22, Budapest VI
- 353 0170; taquilla, 332 7914
- Visitas guiadas en español todos los días, a las 14 h, 15 h y 16 h.
- 8 €
- M1 Opera
- www.opera.hu

▼ Exterior del Teatro de la Ópera.

Avenida Andrássy út

Se trata de la avenida más distinguida y señorial de Budapest. Sus 3 km de recorrido llevan la marca del siglo XIX burgués e imperial, con el reconocimiento de haber sido declarada Patrimonio de la Humanidad por la UNESCO.

8

D iseñada por Miklos Ybl y trazada entre 1872 y 1885, la calle une el centro de la ciudad junto a Bajcsy-Zsilinszky con la Plaza de los Héroes. Se trata de una joya de la arquitectura de finales del siglo XIX y principios del XX, cuando Budapest rivalizaba con los grandes bulevares de Berlín o París en elegancia y animación.

Durante el periodo comunista recibió los nombres de "Avenida de Stalin" y "Avenida de la República Popular", unas desafortunadas denominaciones para designar a la avenida más señorial de Budapest, con el inconfundible sello decimonónico de la Viena imperial.

La mayoría de los edificios que bordean la calle expresan una atracción por el espíritu romántico de la época. Sus estilos navegan entre el neorrenacentista y el eclecticismo.

El **primer tramo,** desde Deák Ferenc hasta Oktogon, ofrece un aspecto vital y urbano repleto de mansiones y palacios reconvertidos en viviendas en cuyas bajeras están instalados comercios de lujo y cafés. A partir de **Oktogon,** la calle se vuelve más señorial, con una mayor presencia de palacios y mansiones, desapareciendo todo atisbo de actividad comercial.

Además de la Ópera Nacional, la calle ofrece otros atractivos museísticos como **La Casa del Terror,** un edificio que sirvió de centro de detención y que ahora es un museo consagrado a todas las víctimas de la represión política.

El **Museo Franz Liszt** expone documentos y objetos personales del compositor húngaro más universal, mientras el **Museo Ferenc Hopp** alberga piezas y cerámicas de arte asiático.

Además de su notable patrimonio arquitectónico, en varios puntos de Andrássy se encuentran algunas de las zonas con más ambiente de Budapest: **Nagymezõ utca,** además de ser la calle de los teatros de variedades, dispone de una excelente oferta de restaurantes y cafés, mientras que **Liszt Ferenc tér** constituye una de las plazas más animadas y de moda a la que acercarse para disfrutar la noche de la capital húngara.

Info

🕐 43 (B4)
🚇 Línea 1

La Casa del Terror
🕐 De martes a domingo de 10 h a 18 h
💻 www.terrorhaza.hu
🎫 10 €

Museo Franz Liszt
🕐 De lunes a viernes de 10 h a 18 h, sábados de 9 h a 19 h
💻 www.lisztmuseum.hu
🎫 8 €

Museo Ferenc Hopp
🕐 De miércoles a domingo de 10 h a 18 h
💻 www.hoppmuseum.hu
🎫 5 €

▼ Detalle de la cubierta del museo Casa del Terror.

Museo de Bellas Artes

9

El *Szépmüvészeti Múzeum* está catalogado como una de las pinacotecas más completas de Europa. Ofrece una extensa panorámica artística, desde la antigüedad hasta el siglo xx.

Info

- 43 (A4) f. p.
- Dózsa György út 41, Budapest XIV
- M1 Hósök tere
- M-D: 10-18 h
- 14 €
- www.szepmuveszeti.hu

Está ubicado en la enorme explanada de la **Plaza de los Héroes**, en un edificio diseñado por Albert Schickedanz y Fölöp Herzog en 1906, considerado un paradigma de arquitectura ecléctica inspirada en el Neoclasicismo. Con permiso –y sin desdeñar el valor de otros museos de la ciudad: Nemzeti Galéria (Galería Nacional), Iparm vészeti Múzeum (Museo de Artes Aplicadas) o el Ludwig Múzeum (Museo Ludwig)–, el de Bellas Artes es sin duda el más completo.

Tiene la más importante muestra de arte extranjero que se pueda ver en Budapest.

Contiene aproximadamente 120.000 piezas en una serie de colecciones que cronológicamente se inician en el arte del antiguo Egipto, con sarcófagos y relieves de templos del siglo iv a.C., y que también incluyen piezas grecorromanas y cerámicas de los siglos VI al I a.C. Igualmente notables son las selecciones de arte primitivo húngaro; de pintura italiana, con trabajos de todas las escuelas del siglo XIII al XVIII, incluyendo obras maestras de Rafael, Tiziano, Tintoretto, Tiépolo o El Veronés; pintura inglesa representada por Hogarth, Reynolds y Gainsborough;

◀ Fachada clasicista del Museo de Bellas Artes.

o muestras de impresionistas o post-impresionistas, con un recorrido que va de Manet a Marc Chagall.

El museo incluye una panorámica por la pintura española, con una sorprendente cantidad de obras de autores como Ribera, Murillo, Zurbarán, Velázquez y Goya, o siete telas de El Greco que suponen la mayor colección fuera de España de este artista.

Se puede visitar por libre si se conoce la materia y se sabe lo que se quiere ver es la mejor manera de visitarlo, o en un recorrido guiado que, seguro, resultará más educativo y provechoso si nuestros conocimientos al respecto son más limitados. Dispone de una librería de libre acceso para las personas que se registren previamente.

La visita a este museo se puede completar en dos lugares cercanos que bien podrían ser considerados museos. **Gundel** es el restaurante más famoso de Hungría y el lugar indicado para disfrutar de la cocina magiar en un ambiente decadente y lujoso.

▼ *Madonna*, de Rafael, una de las obras expuestas.

Secesión Húngara

10

Fue el estilo que marcó en todos los frentes artísticos el espíritu de la renovación nacional húngara a principios del siglo XX, en lo que se ha definido como versión magiar del *art nouveau*.

El estilo Secesión tiene una particular perspectiva en Hungría, donde adquiere una decoración naturalista y sinuosa que consigue una expresión más opulenta, dinámica, colorista y funcional. Está considerado como una forma de expresión propia de los magiares, que supieron aprovechar los viejos rasgos de la arquitectura y artesanía popular para combinarlos con diseños llamativos y fantasiosos en los que no faltan motivos orientales. Tiene excelentes exponentes en la pintura y las artes aplicadas, pero es en la arquitectura donde manifiesta todo su potencial por medio de la decoración de las fachadas, pobladas de figuras y escenas alegóricas.

El uso de cerámicas *Zsolnay* y otros materiales autóctonos es otro de los rasgos distintivos del estilo Secesión, que tiene en el arquitecto Odón Lechner a su autor más respetado.

Algunos de los ejemplos de este estilo en su expresión arquitectónica están diseminados por todo Budapest. Obras de Odón Lechner son el **Museo de Artes Aplicadas**, la **Caja Postal de Ahorros** y el **Instituto de Geología**.

Info

Galería Nacional de Hungría (Magyar Nemzeti Galéria-Palacio Real)
- 42 (C2)
- Szent György tér 2
- M-D: 10-18 h
- Bus: 16; funicular (sikló)
- www.mng.hu
- 13 €

Museo de Artes Aplicadas
- 43 (D4) f. p.
- Üllői út 33-37
- M-D: 10-18 h
- M3 Corvin-negyed
- www.imm.hu
- 9 €

▼ Palacio Gresham, un buen ejemplo de Secesión.

De otros autores destacan el **Palacio Gresham,** que está considerado un ejemplo perfecto de Secesión debido a su atrio, sus puertas de hierro y sus vidrieras; sin olvidar el **Hotel Gellért,** con detalles en los torreones laterales, en los balcones exteriores y en el vestíbulo y las vidrieras de la escalera principal.

Para observar el alcance del estilo Secesión en muebles, alfombras o cerámica *Zsolnay,* es necesario acudir al **Museo de Artes Aplicadas** (cerrado por obras) y al museo de la **Casa de la Secesión Húngara,** mientras que la aplicación en pintura se encuentra en la **Galería Nacional de Hungría,** con ejemplos como los cuadros *La mujer de rojo, Muchacha con pajarera* o *La edad dorada.*

El modernismo del estilo Secesión tuvo una evolución con nuevos lenguajes expresivos. Budapest cuenta con numerosos ejemplos arquitectónicos de los estilos que preceden a la Bauhaus y que intentan aunar arte y respeto al contexto urbano.

Révész y Kollár construyeron el edificio del 11/b de Váci utca con influencia del *Jugendstil* alemán y del orientalismo, mientras que la influencia de Gustave Eiffel se deja sentir en las estaciones de la ciudad y en el Mercado Central. Finalmente, en los años 30, la Bauhaus se deja sentir en villas y pequeños edificios como los de **Napraforgó utca, Pasaréti utca** o en la la **iglesia** franciscana **de Szent Antal.**

▲ El Museo de Artes Aplicadas.

▼ Detalle interior del palacio.

Casa de la Secesión Húngara (Bedö- Haz)
- 🖼 Honvéd 3
- 🕐 L-S: 10-17 h
- 🚇 M3 Arany János utca
- 🍴 Secessio Cafe& Delikat
- 📞 www. magyarszecessziohaza.hu
- 💶 7 €

La **visita**

Budapest

Sus más de dos mil años de antigüedad han convertido este escenario en protagonista de algunos de los episodios más importantes de la historia europea, cuyas huellas ha conseguido guardar la ciudad para que exhiba sin que haya alterado la esencia de una urbe original y única en sí misma.

I Explorar Budapest

El moderno edificio del Teatro Nacional de Budapest.

" ¿Cómo presentarías Budapest al visitante? Desde las márgenes del Danubio, por supuesto. Pero no desde lo alto del Monte Gellért, no a vista de pájaro, sino a la altura del hombre. En lo cotidiano. No como una vista panorámica, sino como un espacio vital."

Péter Lengyel. *La ciudad y el tiempo.*

El primer rasgo que imprime carácter a Budapest son las dos partes históricas cuya conjunción, en 1873, formalizó el nombre de la ciudad y la capitalidad húngara. **Buda** constituye la vieja ciudad medieval erigida alrededor de una colina, mientras que **Pest** es una planicie situada del lado oriental del Danubio sobre la que se llevó a cabo el necesario ensanche cuando la ciudad requería más espacio a finales del siglo xIx y principios del xx.

La zona más antigua de Buda se sitúa sobre una colina desde la que se domina toda la ciudad. Fue el primer núcleo urbano de la actual capital húngara y el lugar donde se desarrollaron los hechos históricos de relevancia antes de su unión con Pest.

El omnipresente Danubio ha marcado profundamente la idiosincrasia de la ciudad.

Buda

Con la salvedad de Óbuda, donde se instalaron los colo-
nizadores romanos, Buda fue el primer núcleo urbano de
la actual capital húngara y el lugar donde se desarrollaron
todos los hechos históricos de relevancia antes de su unión
con Pest. Aunque la anchura del río Danubio separa Buda
de Pest, los puentes que lo cruzan y un buen transporte
público permiten una comunicación inmejorable entre ambas orillas. Buda es un paraíso para los paseantes, donde
poder vagar a placer, tomar una cerveza en alguno de sus
muchos bares o regalarse la visita a los numerosos museos
y salas de exposición del barrio del Castillo.

I Buda

Ocupa la orilla occidental del Danubio en un territorio salpicado de colinas y promontorios rocosos. Su zona más antigua corresponde a la **colina del Castillo,** que desde sus apenas 170 m de altura domina toda la ciudad. Atracción turística por excelencia de la capital húngara que, junto al resto de Buda, contiene los vestigios medievales de Budapest, las huellas de la dominación turca y los mejores lugares para conseguir las panorámicas más espectaculares de la ciudad y del Danubio.

LO QUE HAY QUE VER EN BUDA

I BATTHYÁNY TÉR (PLAZA BATTHYÁNY) ✱

Es el centro neurálgico de la zona de Buda, situada en la parte baja de la colina del Castillo. Se trata de una tranquila plaza a la que se accede por Fö utca o por el muelle Bem Rakpart del Danubio, en un recorrido que permite contemplar iglesias como el **Kapucinus Templom** (iglesia de los Capuchinos), cuyos orígenes se remontan al siglo xiv, con vestigios de la ocupación turca cuando fue convertida en mezquita, aunque la fachada del xix; **Szent Ana templom** (iglesia de Santa Ana), con el mejor interior barroco de todo Budapest; y la **Református templom** (iglesia Calvinista), neogótica de finales del xix.

I BÉCSI KAPU (LA PUERTA DE VIENA) ✱✱

Está ubicada en la plaza del mismo nombre (Bécsi kapu tér), donde convergen dos de las principales calles de la colina del Castillo: **Fortuna utca** y **Táncsics Mihály utca.** Fue bautizada por los turcos, ya que la puerta estaba situada en dirección a la codiciada capital austriaca. La plaza tiene **tres estatuas** conmemorativas: un orondo ángel que celebra la recuperación de Buda para la cristiandad, la alegoría sobre el escritor Ferenc Kazinczy con una mujer sujetando una lámpara y la estatua que honra al héroe de la Revolución de 1848, Mihály Táncsics.

De los edificios de la plaza destacan la **iglesia Luterana de Buda** (Budavári Evangélikus Templom), construcción neoclásica de 1896, y el edificio neorrománico con tejado de azulejos del **Archivo Histórico Nacional** (Magyar Országos Levéltár), construido entre los años 1913 y 1917, donde están compilados los documentos del antiguo reino húngaro.

🕐 42 (A2)
✉ Batthyány tér
🚇 M2 Batthyány tér

🕐 42 (A1)
✉ Bécsi kapu tér
🚌 Varbusz (autobús al castillo), 16

◀ Detalle de la cubierta en el interior de los Baños Széchenyi.

- 42 (B1)
- Úri utca, 9
- Varbusz (autobús al castillo), 16
- Castillo: todos los días de 10 h a 19 h. Última entrada a las 19 h
- http://labirintus.eu
- 13 €

▲ Puerta de acceso al Palacio Real, compuesta por una bella rejería.

- 42 (C2)
- Szent György tér
- Marzo-octubre: 10-18 h; resto del año cierra a las 16 h
- Varbusz (autobús al castillo), 16
- www.btm.hu
- 6 €

- 42 (C2)
- Szent György tér
- Museos: 10 h-18 h; biblioteca: 10 h-16 h
- Arany Hordó (M)
- Varbusz (autobús al castillo), 16

❙ BUDAI LABIRINTUS (LABERINTO DEL CASTILLO) **

Todo el subsuelo es un rosario de cuevas conectadas por túneles labrados en la roca viva por los turcos con fines defensivos. En el número 9 de Úri utca está el acceso a un tramo de 1.200 m de recorrido, a 16 m de profundidad, que se puede completar en 45 minutos. El recorrido nos permite conocer el uso que se le dio a las cuevas a lo largo de los siglos.

En el trayecto el visitante se ve sometido a algunas sorpresas que incluyen estatuas de cera un tanto tenebrosas –vestidas con atrezzo de famosas óperas–, altares, demonios e incluso la supuesta tumba de Drácula, todo ello amenizado con música lúgubre, procedente de oscuras galerías.

❙ BUDAPESTI TÖRTÉNETI MÚZEUM (MUSEO HISTÓRICO DE BUDAPEST) **

Es uno de los centros de exposición que alberga el Palacio Real en la colina del Castillo. Ocupa el ala E, y ofrece una visión de la historia por separado de Buda y Pest, y de su posterior evolución como ciudad única. Son interesantes las maquetas y dibujos de la evolución del primer asentamiento en la colina del Castillo en su etapa medieval y durante la ocupación turca. La exposición incluye utensilios, herramientas y piezas de artesanía.

❙ BUDAVÁRI KIRÁLYI PALOTA (PALACIO REAL DE BUDA) ***

Es el edificio de fachada inmensa de más de 300 m de estructura simétrica que domina la Colina del Castillo, con un inconfundible perfil que se puede observar desde cualquier punto de Budapest. Las seis alas del palacio (designadas por letras de la A a la F) albergan el **Museo Histórico de Budapest**, la **Galería Nacional de Hungría** y la **Biblioteca Nacional**.

Sus orígenes se remontan al siglo XIII, con una primera fortaleza medieval que fue sustituida más tarde por otra de estilo gótico impulsada por el monarca Matías Corvino, que fue añadiendo aposentos, cuarteles e iglesias hasta ocupar completamente los terrenos del actual castillo. Dicho recinto gótico quedó en ruinas tras la expulsión de los turcos de Buda, hasta que las sucesivas ampliaciones barrocas culminaron a finales del siglo XIX con el inmenso diseño neobarroco de los arquitectos Miklós Ybl y Alajos Hauszmann.

El edificio pretendía dotar al castillo de aposentos reales, para que Francisco José y Elizabeth lo habitasen, después de que se comprometieran a repartir la sede de la monarquía entre Viena y Budapest. Sin embargo, los Habsburgo jamás lo utilizaron como sede, y solo fue residencia del almirante Horthy.

En febrero de 1945, la artillería soviética redujo a escombros el castillo en el momento en que las tropas alemanas, en su retirada, se atrincheraron en él. La posterior rehabilitación consiguió devolver al castillo la forma original que tenía antes de la guerra, a través de unas obras de reconstrucción en las que vieron de nuevo la luz tramos de las primitivas murallas y restos de las antiguas fortalezas.

▼ Patio principal del Palacio Real, donde está la monumental fuente de Matías (detalle).

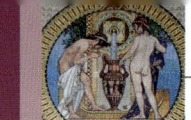

BUDAPEST

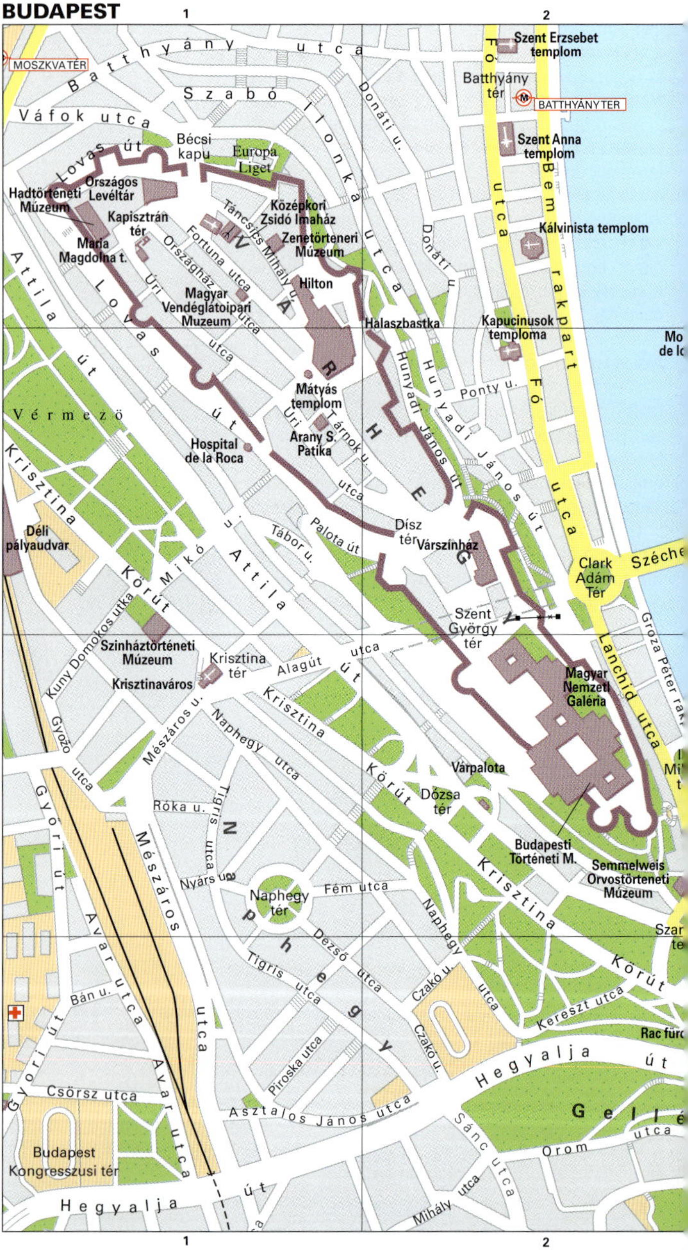
1
2
A
B
C
D
MOSZKVA TÉR
Batthyány utca
Szabó Ilonka utca
Váfok utca
Lovas út
Bécsi kapu
Europa Liget
Országos Levéltár
Hadtörténeti Múzeum
Kapisztrán tér
Mária Magdolna t.
Táncsics Mihály u.
Középkori Zsidó Imaház
Zenetörténeti Múzeum
Fortuna utca
Országház utca
Úri utca
Magyar Vendéglátoipari Muzeum
Hilton
Halaszbastka
Mátyás templom
Tárnok u.
Úri utca
Arany S. Patika
Hospital de la Roca
Attila út
Vérmező
Krisztina Körút
Déli pályaudvar
Mikó u.
Attila út
Tábor u.
Palota út
Dísz tér
Várszínház
VÁRHEGY
Hunyadi János út
Donáti u.
Ponty u.
Szent Erzsebet templom
Fő utca
Batthyány tér
BATTHYÁNYTÉR
Szent Anna templom
Bem rakpart
Kálvinista templom
Kapucinusok temploma
Clark Ádám Tér
Széche
Lanchíd utca
Groza Péter rak
Szent György tér
Magyar Nemzeti Galéria
Várpalota
Budapesti Történeti M.
Semmelweis Orvostörténeti Múzeum
Kuny Domokos utka
Szinháztörténeti Múzeum
Krisztinaváros
Krisztina tér
Alagút utca
Krisztina Körút
Mészáros u.
Naphegy utca
Győző utca
Győri út
Róka u.
Tigris utca
Nyárs u.
Naphegy tér
Fém utca
NAPHEGY
Dózsa tér
Mészáros utca
Avar utca
Bán u.
Dezső utca
Tigris utca
Czakó u.
Naphegy utca
Kereszt utca
Piroska utca
Csörsz utca
Asztalos János utca
Hegyalja út
Gellé
Sánc utca
Orom utca
Mihály utca
Budapest Kongresszusi tér
Hegyalja út
Mo de l
Szar te
Rac für

▶ La Ciudadela situada sobre el Monte Gellért y dominando el río.

La entrada del castillo más cercana a la plaza del funicular corresponde a la **Koldus kapu,** puerta dominada por una enorme escultura en bronce de un ave rapaz, el pájaro mitológico Turul, semejante a un águila, que sujeta con sus garras una espada. Esta entrada conecta con el **parque,** presidido por una **estatua ecuestre** del Príncipe Eugenio de Saboya, que en su día fue terraza y jardín del palacio y en la actualidad ofrece un excelente mirador sobre el Danubio y Pest.

Junto a la puerta principal del museo se encuentra un estrecho **pasadizo** que conecta con los dos patios interiores, en uno de los cuales se encuentra la **fuente de Matías** (Mátyás Kut), obra de 1904, realizada por Alajos Strobt en bronce, que representa al monarca Matías Corvino con sus perros.

En este primer patio está la **estatua de Csikós** y el arco custodiado por cuatro leones. La salida del recinto del palacio se puede realizar desde la Plaza de la Fuente de Matías, a través de un paseo escalonado donde está la **Puerta de Corvino,** en cuya verja está posado el **cuervo,** emblema del rey Matías.

CITADELLA (CIUDADELA) ✱✱

Es una fortificación de planta elíptica situada en la cima del Monte Gellért. Fue construida con una función claramente intimidatoria, entre 1850 y 1854, por los Habsburgo, tras los levantamientos republicanos de la Guerra de Independencia. En su origen contaba con más de 60 cañones que, en teoría, podían disparar sobre cualquier punto de la ciudad para acallar cualquier insurrección. Sin embargo, la ciudadela nunca fue empleada para fines militares, y en 1897 los cañones fueron desmantelados para ser usados en actividades diversas. En la actualidad alberga un **museo de cera** y un complejo hostelero.

En sus inmediaciones se encuentra el **monumento a la Liberación** (▶61) y el **Gellért Emlékmü** o monumento a Gellért (▶49).

- 🕐 f. p.
- ✉ Citadella Sétány
- 🕐 Exterior: las 24 horas
- Ⓒ Citadel (M)
- 🚌 Bus: 27
  Tranvía: 18, 19, 47, 49
- 💳 Moderado
- ♿ No

ERZSÉBET HÍD (PUENTE DE ISABEL) ✱

Sus 290 m unen el centro de Pest, desde Március 15 tér, con Buda en la parte baja de la colina Gellért y la Ciudadela.

Es un puente moderno de suspensión, de color blanco reluciente, inaugurado en 1964. Se constru-

- 🕐 43 (D3)
- ✉ Dobrentei tér
- 🕐 Abierto al tráfico las 24 horas
- Ⓒ Aranyszarvas (C)
- 🚃 Tranvía 18 y 19
- ♿ No

LO QUE HAY QUE ELEGIR

Algunos consejos sobre qué hacer en Budapest cuando lo que se busca es algo muy especial y lo mejor.

Restaurantes

✓ **Pavillon de París.** Atractivo para una cena romántica.
✓ **Duna Corzo y Udvarház.** Por sus vistas.
✓ **Aranyszarvas y Alföldi Étterem.** Por su cocina húngara auténtica.
✓ **Kinor David Kosher Restaurant.** Por su cocina judía.
✓ **Gundel.** Por su lujo y su cocina húngara clásica.
✓ **Costes.** Moderno y elegante, con una de las cartas más creativas de la ciudad.
✓ **Fatal.** Por su ambiente.
✓ **Malomtó.** Por su terraza.

Hoteles

✓ **Four Seasons Hotel Gresham Palace.** Por su lujo y elegancia.
✓ **Hilton Budapest.** Por su situación y vistas desde las habitaciones.
✓ **The Aquincum Hotel Budapest.** Para hombres y mujeres de negocios.
✓ **Art´otel.** Por su bar.
✓ **Hotel Liget.** Para viajar con familia y niños.
✓ **Radisson Beke Hotel.** Por la decoración de las habitaciones.
✓ **St. George Residence Hotel.** Por el equipamiento de las habitaciones.
✓ **Hotel Gellért.** Baños termales.
✓ **Charles Apartotel.** Los mejores apartamentos.
✓ **President Hotel.** Dormir de lujo.

Locales

✓ **Centrál Kávéház.** El café clásico más demandado por todos los húngaros.
✓ **Café New York.** Un café lujoso donde hacer una parada.
✓ **Gerbeaud.** Cafetería con solera.
✓ **Piaf.** El bar más bohemio.

✓ **Rétesház.** Terraza donde degustar el popular pastel húngaro.
✓ **Szimpla.** El más espectacular "bar de ruinas" de la ciudad, lleno de gente joven.
✓ **Morrison's 2.** Discoteca con fiestas temáticas.
✓ **Columbus.** Club de jazz, donde además se baila salsa en un barco a la orilla del Danubio.

Observatorios

✓ Estación superior del Funicular (sikló).
✓ Hotel Hilton.
✓ Cúpula de la basílica San Esteban.
✓ Exterior del Museo de Historia Militar y paseo Tóth Árpád Sétány.
✓ Monumento a la Liberación del Monte Gellért.
✓ Plaza Batthyány.
✓ Belgrád rakpart.
✓ Torre mirador de Erzsébet.
✓ Puente de Isabel (Erzsébet híd).

Sitios para ir con niños

✓ **Sikló** y **Laberinto de Budávar** en la colina del Castillo.
✓ **Parque Varosliget** con el zoo, el Circo Municipal y el parque de atracciones.
✓ **Balneario Palatinus.**
✓ **Telesilla Libegö** y **ferrocarril infantil** en las colinas de Buda.
✓ **Teatro de Marionetas.**
✓ **Palacio de los Milagros.**
✓ **Museo Húngaro de Historia Natural.**
✓ **Aquaworld.** Complejo de ocio acuático (www.aquaworldresort.hu).

Café New York

yó sobre los pilares del puente colgante construido en 1903, que había quedado demasiado dañado en 1944 para poder ser reconstruido.

De todos los puentes que cruzan el río es el más elevado, por lo que ofrece unas vistas impresionantes del Danubio y Budapest.

❙ ERZSÉBET KIRÁLYNÉ SZOBOR (ESTATUA DE LA REINA ISABEL) ✱

Se trata de una estatua medio oculta por los árboles, situada junto al **Puente de Isabel,** que representa a la Emperatriz Isabel (1837-1898), más conocida como Sissi, y por su melodramática vida. Casada con el emperador Francisco José de Habsburgo, fue una reina que se hizo querer por sus súbditos húngaros. Aprendió la lengua magiar, aunque apenas residiera en el territorio de Hungría. Su separación del emperador y su trágica muerte –fue asesinada en Ginebra– contribuyeron a alimentar su leyenda.

❙ FÖ UTCA (CALLE MAYOR) ✱

Es la calle que recorre el centro urbano de Buda en paralelo al Danubio, desde el Puente de las Cadenas hasta el Puente de Margarita. En la Edad Media estuvo habitada por comerciantes y artesanos que no tenían poder adquisitivo suficiente para habitar en la colina del Castillo. Durante la ocupación turca fue el núcleo urbano más importante, con numerosas mezquitas y baños termales que acabaron dando nombre a la zona: **Víziváros** (Ciudad del Agua).

A partir del siglo XIX, con la construcción del Puente de las Cadenas, se empezaron a levantar palacios y casas notables en Fö utca cuyas fachadas daban al Danubio y las posteriores a dicha calle, como la **Casa Kapisztory** del número 20.

En Fö utca se encuentran los **baños Király** (▶52). A partir de **Bem József tér,** la calle cambia de nombre y de anchura para convertirse en **Frankel Leó út,** con tres carriles bordeados por numerosas tiendas de antigüedades.

❙ FORTUNA UTCA (CALLE DE LA FORTUNA) ✱

Es la calle que corre paralela a Orszagház utca en la colina del Castillo. A lo largo de los siglos recibió los nombres de *calle de los alemanes* o *de los franceses,* según el origen de los cortesanos que se fueron instalando en ella durante la Edad Media, época en la que llegó a ser una de las principales travesías de Buda. Tiene interesantes **casas solariegas,** como la del número 4, construida en el siglo XVII, en cuyo **patio** se despliega una majestuosa **parra.**

🕐 43 (D3)
✉ Dobrentei tér
🎫 Tabani Terasz (M)
🚋 Tranvía: 18 y 19

🕐 42 (A2)
✉ Fö utca
🎫 Fekete Holló (M)
🚌 Autobuses: 2, 4, 16 y 105
Tranvía: 19
Metro: M2. Batthyány tér
♿ No

▲ Estatua de la Reina Isabel.

🕐 42 (A1)
✉ Budavári Fortuna Mátyás (C)
🚌 Varbusz (autobús al castillo), 16
♿ No

I GELLÉRT EMLÉKMÜ
(MONUMENTO A GELLÉRT) **★★**

Es el monumento situado a media ladera del Monte Gellért, cuya estampa nocturna es una de las imágenes más típicas de Budapest. La efigie está orientada hacia el Puente de Isabel y representa a Gellért sobre un pedestal bendiciendo la ciudad con una cruz, mientras que a sus pies se apoya un devoto húngaro. La estatua fue erigida en 1904 dentro del lote de héroes húngaros donado a Budapest por el emperador Francisco José.

El **Monte Gellért** debe su nombre al obispo veneciano San Gerardo, responsable del primer intento de cristianización de Hungría, el cual –según cuenta la tradición– fue arrojado en 1046 dentro de un barril al Danubio por los húngaros paganos. El monumento se levanta en el lugar donde se supone se llevó a cabo el martirio del patrono de la ciudad.

- 43 (D3)
- Gellért-hegy
- Búsuló Juhász (C)
- Bus: 27
  Tranvía: 18 y 19
- Gratuito
- No

▼ Piscina de los Baños Gellért.

I GELLÉRT GYÓGYFÜRDÖ-HOTEL GELLÉRT
(BAÑOS GELLÉRT-HOTEL GELLÉRT) **★★★**

El edificio del hotel y balneario más famoso de Hungría está en la plaza Szent Gellért tér, frente al **Szabadság híd** (Puente de la Libertad).

Fue construido entre 1911 y 1918, según los postulados del estilo Secesión por los arquitectos Ármin Hegedüs, Allur Sebestgén e Izidor Sterk, que dotaron al conjunto de una imponente **fachada** neoclásica con torreones laterales cilíndricos de evocación oriental y decoración según la versión húngara del *art nouveau* en las balaustradas de los balcones exteriores, el vestíbulo y las vidrieras de la escale-

- f. p.
- Szent Gellért tér
- Hotel 889 55 00
- www.hotelgellert.hu-budapest.com
- Baños 466 6166
- www.gellertfurdo.hu
- L-V: 6 h-19 h; S-D, 6 h-17 h
- Bus: 7, 7A y 86
  Tranvía: 18, 19, 47, 49
- Caro
- Limitada

ra principal. El balneario tiene varias instalaciones de aguas termales a temperaturas de entre 27 °C y 48 °C, con propiedades para la curación del reuma, la artritis y otras afecciones articulares.

Dispone de **13 piscinas,** entre las que destaca la **pileta de columnas,** que ha servido de escenario para numerosos anuncios publicitarios

❘ GELLÉRT-HEGY (MONTE GELLÉRT) (▶24) ✳✳✳

**❘ ALÁSZBÁSTYA
(BASTIÓN DE LOS PESCADORES) ✳✳✳**
Se trata de un conjunto de torres y pasadizos emplazados detrás de la iglesia de Matías, cuya principal virtud es servir de mirador para obtener una de las mejores panorámicas del Danubio y del conjunto de Pest.

El nombre se debe a que durante la Edad Media en ese lugar se encontraba la lonja del pescado, a cuyo gremio se encargó la defensa de esa parte de la muralla que rodeaba el casco urbano.

El actual bastión fue construido como mirador en 1905 por Frigyes Schulek, en estilo neorrománico, con siete torres blancas cónicas que representan las diferentes tribus magiares y que evocan las tiendas de campaña que usaban antes de instalarse en la planicie húngara.

Frente al Bastión de los Pescadores y el lateral de la iglesia de Matías se alza la **estatua ecuestre de San Esteban,** el primer rey de Hungría.

· · · · · · · · · ·

🕐 42 (A2)
✉ Szentháromság tér
🎫 Café Pierrot (M)
🚌 Varbusz (autobús al castillo). 16, funicular (sikló)
💶 Gratuito, excepto acceso superior al mirador
♿ No

▼ Varias postales del Bastión de los Pescadores.

HADTÖRTÉNETI MÚZEUM (MUSEO DE HISTORIA MILITAR) ******

El museo está en el paseo Tóth Árpád, junto a la plaza de Kapisztrán, orientado hacia el Taban, en una zona donde se ven murallas medievales.

Se trata de una exposición de armamento, documentos, uniformes y piezas militares que ilustran los episodios bélicos de la historia húngara. Incluye un buen número de cañones y piezas de artillería, algunos de los cuales se remontan a la dominación turca. Son impactantes los apartados dedicados a la sublevación de 1956 y al periodo posterior a la Primera Guerra Mundial.

- 42 (A1)
- Tóth Árpád sétány
- www.militaria.hu
- M-D 9 h-17 h
- Budavári Fortuna Mátyás (C)
- Varbusz (autobús al castillo), 16, funicular (sikló)
- 5 €
- Limitada

HESS ANDRÁS TÉR (PLAZA ANDRÁS HESS) *****

Es un espacio de la colina del Castillo, frente al *Hotel Hilton,* en el que se levanta una **estatua** del Papa Inocencio XI. Aquí se pueden observar **casas** tan interesantes como **Vörös Sün Ház** (casa del Erizo Rojo), del número 3, con elementos góticos y barrocos; o la casa barroca del número 4, ocupada por el restaurante *Fortuna.*

- 42 (B1)
- Hess András tér
- Fortuna (M)
- www.budavarimatyasetterem.hu
- Varbusz (autobús al castillo) 16, funicular (sikló)
- Limitada

HOTEL HILTON ******

El edificio está situado en la colina del Castillo, junto a la iglesia de San Matías y el Bastión de los Pescadores. Su fisonomía moderna –fue construido con cierta polémica en 1976– rompe con la estética del resto de edificios de la zona, pero su interior conserva parte del **claustro** y la **torre de la iglesia** gótica,

- 42 (A1)
- Hess András tér, 1
- Dominican Restaurant (Restaurante del Hotel) (B)
- Varbusz (autobús al castillo), 16, funicular (sikló)
- Buenas

que pertenecieron al convento dominico del siglo XIII y a otro jesuita, del siglo XVIII, en estilo rococó, de fecha posterior.

KAPISZTRÁN TÉR (PLAZA KAPISZTRAN)　　★

La plaza se encuentra en la colina del Castillo, en la confluencia de Bécsi Kapu tér y Országház utca (calle del Parlamento). Kapisztrán tér es una plaza bautizada así en honor del franciscano Juan de Capistrano, que luchó contra los turcos y fue canonizado en 1724.

Preside la plaza una **estatua** de Capistrano, aunque el elemento más interesante es la **torre gótica** de la **iglesia de María Magdalena** (Mária Magdolna Templom), ya que se trata del único vestigio de un templo de estilo gótico cuyo origen se remonta al siglo XII.

KIRÁLY GYÓGYFÜRDÖ (BAÑOS DEL REY)　★★★

Estos baños están considerados los más antiguos de Budapest y, junto a Rácz y Rudas, constituyen el mejor ejemplo de complejo termal turco. Su construcción fue iniciada por el pachá turco Arslan en 1565, aunque las obras terminaron en 1570, bajo el mandato de su sucesor, Mustafa Sokoli. A pesar de algunas reconstrucciones, Király mantiene prácticamente intactos los detalles y la estructura de la época turca. Cuenta con una piscina central octogonal, cubierta por una cúpula de cristales diáfanos.

KÖZÉPKORI ZSIDÓ IMAHÁZ
(SINAGOGA MEDIEVAL)　　★★

La calle Táncsics Mihály marca la entrada en una zona de la colina del Castillo donde en la Edad Media residía la importante colonia judía de Budapest. La condición de judería se inició en el siglo XV, cuando Luis el Grande mandó alojar allí a la colonia hebrea de origen alemán e italiano.

En el edificio barroco del número 26 se hallaba enclavada la **Sinagoga Medieval** (Középkori Szidó Imaház), que en la actualidad funciona como **museo**: en él se ilustra lo que fue la historia de la comunidad judía de Buda.

LUKÁCS GYÓGYFÜRDÖ (BAÑOS LUKÁCS)　★

Están situados en la parte baja de la colina de las Rosas. Las fuentes termales del complejo ya fueron utilizadas en el periodo turco, si bien el balneario es relativamente reciente, ya que data de 1894, aunque han sido reconstruidos los baños turcos abovedados.

- 🚌 42 (A1)
- ✉ Kapisztrán tér
- 🍴 Rivalda (C)
- 🚐 Varbusz (autobús al castillo) 16, funicular (sikló)
- ♿ Limitada

- ⏱ f. p.
- ✉ Fő utca 84
- 🕐 M-D: 10 h-19 h
- 🌐 www.kiralyfurdo.hu
- 🚇 Metro: M2 Batthyány tér 60, 86
- 💶 3 €
- ♿ Limitada

- 🚌 42 (A1)
- ✉ Táncsics Mihály utca, 26
- 🕐 M-D, mayo-octubre: 10 h-17 h
- 🍴 Café Pierrot (M)
- 🚐 Varbusz (autobús al castillo) 16, funicular (sikló)
- 💶 Barato
- ♿ Limitada

- ⏱ f. p.
- ✉ Frankel Leó utca, 25
- 🕐 Diario: 6 h-20 h
- 🍴 Malomtó (M)
- 🚐 60 y 86
- 💶 Moderado
- ♿ Limitada

El enorme edificio, de estilo neoclásico, contiene dos piscinas de agua caliente al aire libre y otra de lodo. En un patio interior del establecimiento se levanta una **estatua** de san Lucas.

▌MAGYAR NEMZETI GALÉRIA (GALERÍA NACIONAL HÚNGARA) ★★★

Ocupa las alas A, B, C y D del **Budavári Királyi Palota** (Palacio Real en la colina del Castillo). Es uno de los tres grandes museos de Budapest (los otros dos son el Museo de Bellas Artes y el Magyar Nemzeti Múzeum –Museo Nacional de Hungría–). Sus diferentes salas ofrecen una exhaustiva panorámica de arte húngaro desde la Edad Media hasta la actualidad.

Uno de los tesoros del museo son los magníficos ejemplos de pintura del gótico tardío reunidos en la **sala del trono** (*La Visitación, Virgen de Bártfy y Retablos de Santa Ana y de San Juan Bautista*). La pintura del siglo XIX es el apartado en el que destaca el museo, al incluir todas las tendencias y estilos del momento más creativo de las bellas artes húngaras.

El repaso se inicia con una primera corriente historicista que da paso al realismo húngaro de autores como Lázsló Paál y, sobre todo, Mihály Munkácsy, el pintor húngaro más internacional, que tiene una sala dedicada a su obra (*Camino Polvoriento, El viajero que bosteza*). Además, en este periodo también se incluye la obra de pintores influenciados por los movimientos europeos, como Pál Szinyei Merse (*Almuerzo en la hierba*), y de autores interesados en el neoclasicismo, como Károly Lotz (*Mujer bañándose*).

🕐 42 (C2)
✉ Castillo de Buda
🌐 www.mng.hu
🕐 M-D, 10 h-19 h
🍴 Rivalda (C)
🚌 Varbusz (autobús al castillo) 16
🎫 6 €
♿ No

▲ Una de las salas del palacio.

▼ La Galería Nacional Húngara ocupa el Palacio Real de Budapest.

La colección del siglo XX muestra la repercusión en Hungría de las corrientes pictóricas más destacadas, desde el *art nouveau* al cubismo, con especial atención al estilo Secesión y a autores como Jósef Rippl-Rónai *(Mujer con jaula, Mujer con vestido de lunares blancos)* o Károly Ferenczy *(El pintor, Octubre).*

MARGITSZIGET (ISLA MARGARITA) ★★★

Ocupa el cauce del Danubio, entre el Puente de Margarita y el Puente Árpád, con 2,5 km de longitud y 500 m en su parte más ancha. Estuvo habitada ya en la época romana. En la Edad Media fue un importante centro religioso, con varios conventos y monasterios.

En la etapa turca fue lugar de residencia de sus mandatarios, y a finales del siglo XVIII el príncipe József convirtió la zona en un imponente parque, al ordenar construir su palacio rodeado de jardines. A mediados del siglo XIX fue declarado parque público y, tras ser descubiertos diferentes manantiales, se construyó el primer balneario. En 1930 se abrió la **Nemzeti Sportuszoda** (Piscina Nacional) y a lo largo del XX se fueron completando las diferentes dotaciones deportivas y de ocio.

En la entrada del Puente Margarita destaca el **monumento al Centenario,** situado en una rotonda cubierta de flores; fue levantado para conmemorar los cien años de unificación de las antiguas ciudades de Buda, Pest y Óbuda.

Otras atracciones de las isla son: las **ruinas** de la **iglesia** y del **monasterio** gótico (Ferences templom és Kolostor) del siglo XIII, de los padres franciscanos, entre las que se puede apreciar la portada que daba acceso al coro y restos de una torre con escalera de caracol; el **Palatinus Strandfurdo** (Piscina Palatina), un complejo de piscinas termales al aire libre con toboganes de agua y zonas verdes; la **Torre del Agua** (Viztorony), de estructura octogonal; el **paseo de los Artistas** (Müvesz-sétány), que recorre el centro de la isla, jalonado de estatuas de pintores, escritores y músicos húngaros; las ruinas del **convento de los Dominicos** (Domonkos kolostor), construido en el siglo XIII por Béla IV, que recluyó en el centro a su hija Margarita, en cuyo honor la isla ha recibido su nombre; la **iglesia de San Miguel,** románica muy restaurada, perteneciente a un monasterio premonstratense del siglo XII; el centro balneario **Danubius Grand,** cuyas aguas, ricas en radio, fluyen a temperaturas de hasta 77 °C; y el jardín japonés, localizado en el extremo norte.

▶ Iglesia de San Matías.

▼ Torre del Agua en Isla Margarita.

I MARGIT HÍD (PUENTE DE MARGARITA) ✱

Construido por el ingeniero francés Ernest Gouin, en 1876, para unir Buda con la avenida István Körút de Pest, tiene 637 m de longitud, con un añadido en 1901 para comunicar con el sur de la isla Margarita. Posee un diseño peculiar, ya que sus pilares –semejantes a las patas de un perro– son curvos. Es el acceso más utilizado para visitar la isla y fue sometido a un ingente proceso de restauración en 2010.

🕐 f. p.
Ⓜ Margikert (M)
🚌 Bus 26
Tranvía: 4 y 6
💶 Gratuito
♿ No

I MÁRIA MAGDOLNA TORONY
(TORRE DE MARÍA MAGDALENA) ✱✱

Es el único vestigio de templo franciscano en estilo gótico, situado al final de Úri utca, hacia la plaza Kapisztrán.

Su origen se remonta al siglo XIII, y se mantuvo intacto al ser reconvertido en mezquita durante la ocupación turca; la nave de la iglesia fue reducida a escombros en un ataque aéreo durante la Segunda Guerra Mundial, aunque se mantiene la **torre,** con detalles como el carillón, y la campana, añadida posteriormente.

🕐 42 (A1)
✉ Kapisztrán tér, 6
🕐 10 h-18 h
Ⓜ Fekete Holló (M)
🚌 Varbusz (autobús al castillo) 16, funicular (sikló)
💶 Gratuito
♿ No

I MÁTYÁS TEMPLOM (SAN MATÍAS) ✱✱✱

Es, junto con la basílica de San Esteban y la Gran Sinagoga, el edificio religioso más importante de Budapest. Su nombre real es **iglesia de Nuestra Señora de la colina del Castillo** (Budavári Nagy Boldogasszony Templom), pero se conoce como San

🕐 42 (B1)
✉ Szentháromság tér, 2
🕐 9 h-19 h
Ⓜ Café Pierrot (M)
🚌 Varbusz (autobús al castillo) 16, funicular (sikló)
🌐 www.matyas-templom.hu
💶 7 €
♿ No

La Colina del Castillo

Distancia
1,5 km

Tiempo
2 horas con paradas.

Punto de Partida
Szent György tér

Punto de Llegada
Tárnok utca

🚌 16, Varbusz
🚠 Aranyhordó (C)
🌐 www.
aranyhordovendeglo.hu
Tárnok utca, 16
☎ 3561367

El camino comienza en **Színház utca**, con paradas ante edificios como el **Palacio Sándor** y el **Teatro del Castillo** (Várszinház).

En **Úri utca** se puede visitar en el nº 49 el **Museo del Teléfono** y en el nº 9 las **catacumbas** subterráneas del laberinto del Castillo.

El recorrido de la colina del Castillo se inicia en **Szent György tér**, donde llega el funicular (sikló).

Se entra en el recinto del Palacio Real por la **puerta Kolduskapu**. Se recorren los jardines y miradores sobre el Danubio, junto a la **estatua ecuestre** del príncipe Eugenio de Saboya.

Se accede a los distintos **patios** del **Castillo**, donde está la **fuente de Matías**.

Tras pasar por la **pastelería Ruszwurm** (nº 7 de Szentháromság utca), o la **Casa de los Vinos de Hungría** (nº 6), se llega a **Hess András tér**, para tomar **Táncsics Mihály utca** hasta la **Puerta de Viena**.

Se orienta el camino por **Szentháromság tér**, donde se localiza la **iglesia de Matías**, el **Bastión de los Pescadores** y el **Hotel Hilton**.

Conviene pasear sin prisas por **Fortuna utca** y las calles medievales adyacentes, haciendo pequeñas paradas para contemplar los **patios** de las viviendas nobiliarias, como la del nº 4, donde se localiza el **Museo del Comercio y la Hostelería**, o en **cafés** como el **Pierrot**.

Desde la Puerta de Viena hay que caminar hasta **Kapiztran tér** para contemplar la torre de la **iglesia de María Magdalena** y visitar en Tóth Árpád sétány el **Museo de Historia Militar**.

El paseo arbolado de **Tóth Árpád sétány**, tiene vistas al barrio del Tabán y las colinas de Buda.

En **Lant utca** se conecta con **Úri utca**, donde reponer fuerzas en el **Café Miró**, después de contemplar la **estatua** de Hadik András.

Finalizar el recorrido ante un plato de *goulash* en algún **restaurante** ubicado en **Tarnok utca**.

▼ Café en el Bastión.

Matías en honor al rey Matías Corvino, que ordenó su reconstrucción, entre otras cosas para casarse en su interior en dos ocasiones.

A través de la historia, el edificio ha sufrido modificaciones; a finales del siglo XIII fue templo de estructura románica de tres naves; más tarde, iglesia gótica; mezquita bajo la ocupación turca y templo barroco por obra de franciscanos y jesuitas. Fue el emperador de Austria Francisco José el que, en 1867, ordenó una nueva reconstrucción para ser coronado rey de Hungría junto a Sissi. La obra, realizada por el arquitecto Frigyes Schulek, dejaba al descubierto los restos góticos sobre los que se añadieron nuevas capillas.

En su alzado destacan las **torres** desiguales y el techo cubierto con tejas vidriadas multicolores dispuestas en zigzag, según el mismo sistema utilizado en la catedral de San Esteban de Viena. La

▼ Vistas desde la Colina del Castillo.

torre más pequeña conserva varios de sus primitivos elementos góticos, mientras que la más alta muestra el **escudo** de Matías Corvino y una planta cuadrangular que en los pisos superiores se vuelve octogonal. La portada principal tiene un bajorrelieve del siglo XIX de la *Virgen con el Niño y dos ángeles,* mientras que la puerta lateral, la **Puerta de María,** conserva el ejemplo más sobresaliente del primitivo estilo gótico húngaro.

De su **interior** sorprende el efectismo de unos dibujos de rico colorido, próximos a la estética bizantina; las capillas; el altar mayor; el púlpito y la pila bautismal sobre cuatro columnas rematadas con figuras de leones. Dentro del templo se puede visitar el **Museo de Matías.**

▼ Terrazas en el turístico barrio del Castillo.

| ORSZÁGHÁZ UTCA (CALLE DEL PARLAMENTO) **

Es una de las calles más interesantes del distrito del Castillo, ya que conserva un buen número de casas que remiten directamente al periodo medieval de Buda, cuando estuvo habitada por artesanos y cortesanos italianos en los siglos XIV y XV.

Se conservan algunos buenos ejemplos de **casas** góticas pintadas de blanco, amarillo y naranja con detalles barrocos y neoclásicos, como las correspondientes a los números 17, 18, 20 y 22.

| ORSZÁGOS SZÉCHÉNYI KÖNYVTÁR (BIBLIOTECA NACIONAL SZÉCHÉNYI) **

Ocupa el ala F del Palacio del Castillo de Buda. Es la biblioteca más importante del país, ya que sus casi cinco millones de volúmenes incluyen todo lo publicado en Hungría, en lengua húngara o en otros idiomas sobre el país magiar. Incluye libros, códices, manuscritos, grabados, partituras, periódicos y revistas, orientados a investigaciones científicas. La biblioteca fue creada por Ferenc Széchényi en 1802 con los fondos de su colección privada. La visita turística permite contemplar muestras permanentes sobre el Castillo de Buda y la propia biblioteca.

| RÓZSADOMB ÉS GÜL BABA TÜRBÉJE (COLINA DE LAS ROSAS Y TUMBA DE GÜL BABA) **

Desde Margit Körút en dirección norte, la estrecha calle en cuesta de Gül Baba conduce directamente

a la **colina de las Rosas** (Rózsadomb), donde se localiza el edificio octogonal rematado por una cúpula del siglo xvi en el que está instalada la **Tumba de Gül Baba.**

El conjunto rinde homenaje al derviche muerto en 1541 en la toma de Buda por los cristianos, al que los musulmanes veneran como a un santo y los húngaros respetan como a un igual, por haber sido un gobernante que se enfrentó a las tropas cristianas sin un atisbo de crueldad con el enemigo.

Es un personaje querido porque fue el introductor de las rosas en Hungría (*Gül Baba* significa precisamente "el padre de las rosas"), plantando las primeras de estas flores en la colina que ahora lleva el nombre de Rózsadomb. Su tumba llegó a transformarse en una capilla cristiana en el siglo xvii, pero el recordatorio de su figura y de su amor por Buda hizo que se volvieran a respetar todos los elementos del rito musulmán.

RUDAS GYÓGYFÜRDÖ (BAÑOS RUDAS) ✱

Son los baños de aguas termales con mayor valor histórico de Budapest, ya que conservan la antigua piscina octogonal bajo la cúpula con vidrieras.

Los Baños Rudas funcionaban ya durante la Edad Media, pero no alcanzaron fama hasta 1566, cuando fueron acondicionados como baño turco por el pachá Szokoli Musztafa. La piscina central aparece cercada por otras cuatro más pequeñas con agua, de alto contenido sulfuroso, a diferentes temperaturas.

SIKLÓ (FUNICULAR) ✱✱

Después de haber cruzado el Puente de las Cadenas, es el medio más entrañable para acceder a la colina del Castillo. En apenas dos minutos de ascensión supera los 170 m que separan Clark Ádám tér y Szent György tér.

Fue construido en el año 1870, tras una primera etapa en la que funcionaba con una máquina de vapor, siendo el segundo de Europa después del de Lyon. Durante la Segunda Guerra Mundial resultó totalmente destruido. La restauración, en el año 1986, le devolvió su aspecto original.

SZABADSÁG HÍD (PUENTE DE LA LIBERTAD) ✱✱

Es, junto con el de las Cadenas, el puente más bello de Budapest. Sus 331 m unen Vámház Körút, en el centro de Pest, con el sur de Buda. Se inauguró en 1896 con motivo de las celebraciones del milenio, en medio de una ceremonia a cargo del emperador

▲ Funicular de bajada a Ádám tér.

🕐 43 (D3)
✉ Döbrentei tér 9
🌐 www.rudasfurdo.hu
🕐 Piscinas: 6 h-22 h;
   Baños de vapor: 6 h-20 h;
   Centro Welness: 8 h-22h
🚌 7, 8E, 108E, 110, 112, 907 y 973
🚋 Tabani Terasz (M)
💶 Desde 3 €
♿ No

🕐 42 (B2)
✉ Clark Ádám tér
🕐 M-D, 7.30 h-22 h; cierra semanas impares
🌐 www.bkv.hu/hu/jarmuveink/siklo_menetrend/
🚋 Tranvía: 19 Bus: 4, 16
💶 6 € ida y vuelta
♿ Sí

✉ Szent Gellért tér
🚋 Tranvía: 18, 19, 47 49
   Bus: 486, 7 y 7A

UN PASEO A PIE

| **Víziváros y el norte de Buda** |

Distancia
3 km

Tiempo
2 horas con paradas.

Punto de Partida
Ádám Clark tér

Punto de Llegada
Frankel Leó út

- 28B3
- Autobuses 2, 4, 16 y 105
  Tranvía 19.
  En Batthyány tér, Metro
  M2 y tren HEV
- Náncsi Néni (B)
  Margit körút, 14
- 212 55 99

Víziváros
y el norte de Buda

❙ Este vagabundeo por Buda que arranca en la **plaza Ádám Clark** se puede realizar combinando el paseo a pie con el uso del tranvía 19.

Aquí se propone tomar la calle **Fö utca** (que es la calle Mayor), que discurre en paralelo al Danubio con paradas ante los números 20 y 30 para disfrutar de la **Casa Kapizstory** así como de la antigua **iglesia de los Capuchinos** (Kapucinus Templom).

❙ En **Corvin tér** destacan las **casas** de los números 3, 4 y 5. Datan todas del siglo XVIII, y no tienen nada que envidiar a las casas de la colina del Castillo.

Se sigue hasta la plaza **Batthyány**, donde sobresale la **iglesia de Santa Ana** (Szent Ana Templom), el más bello edificio barroco de Budapest.

❙ Se puede reponer fuerzas en el **Café Angelika**, mientras se disfruta de la mejor vista del edificio del Parlamento en la orilla opuesta del Danubio.

Se puede avanzar hacia **Margit körút**, con una parada obligada en el nº 84 de Fó utca, donde se encuentran los **Baños Király** (Király Gyógyfürdö).

❙ A partir de la siguiente plaza, **Bem József tér**, Fö utca cambia de nombre y de anchura convirtiéndose en **Frankel Leó út**, con tres carriles bordeados por numerosas tiendas de antigüedades.

Frankel Leó út cruza **Margit körút**, que, a través del Puente Margarita, une Buda con Pest.

❙ Tras cruzar Margit Körút en dirección norte, hay que girar a la izquierda y tomar la estrecha calle en cuesta, **Gül Baba utca**, que conduce a la **Colina de las Rosas** (Rózsadomb) y al edificio octogonal en el que está instalada la **Tumba de Gül Baba** (▶59).

De vuelta a Frankel Leó út, el recorrido finaliza un poco más al norte entre los números 25 y 29, donde están los **Baños Lukács** (Lukács Gyógyfürdö) (▶52).

▼ Margit körút.

Francisco José, cuyo nombre recibió el puente hasta 1920. Es un ejemplo perfecto de arquitectura fin de siglo, con una decoración que incluye en cada pilar la imagen del *Turul,* el ave similar al águila, símbolo de los antiguos magiares, a punto de alzar el vuelo.

I SZABADSÁGSZOBO (MONUMENTO A LA LIBERACIÓN) ✱

Se localiza en la cima del Monte Gellért, en el punto donde se pueden obtener algunas de las mejores panorámicas de la ciudad. Se trata de una obra levantada para honrar la memoria de los soldados soviéticos que liberaron Budapest de la ocupación nazi en 1945. Representa a una mujer sobre un pedestal, con el cabello al viento, que sostiene en sus brazos una palma alegórica de la paz.

Tras los cambios políticos en la década de los 90, fueron retiradas las estatuas de los soldados soviéticos, la estrella roja y los nombres en caracteres cirílicos de los muertos que estaban inscritos en el zócalo. La **terraza** del monumento es uno de los mejores observatorios del Danubio y el conjunto de Budapest.

- 🕐 f. p.
- ✉ Citadella sétány
- 🕐 24 horas
- 🍴 Búsuló Juhász (C)
- 🚊 Tranvía: 18 y 19
  Bus: 27
- ♿ No

I SZARVASHÁZ (CASA DEL CIERVO) ✱

Es el edificio más emblemático en las inmediaciones de Szarvas tér, la plaza entre la colina del Castillo y el Monte Gellért. Se trata de un edificio triangular en estilo barroco tardío, en cuya fachada se aprecia la placa en relieve del ciervo dorado que da nombre a una casa que en la actualidad ocupa el excelente **restaurante Aranyzarvas.**

En la misma zona, en el **parque** situado bajo la ladera del Monte Gellért, se puede observar el edificio amarillo con un techo abovedado que alberga los **Baños Rácz** (Rácz Gyógyfürdö), cuyas instalaciones fueron completamente renovadas y reinauguradas en 2010.

- 🕐 42 (D2)
- ✉ Szarvas tér, 3
- 🕐 12 h-23 h
- 🍴 Aranyzarvas (C)
- 🚊 Tranvía: 18, 19
  Bus: 86
- 🍽 Restaurante: moderado
- ♿ No

I SZÉCHENYI LÁNCHÍD (PUENTE DE LAS CADENAS) (▶25) ✱✱✱

I SZENTHÁROMSÁG TÉR (PLAZA DE LA SANTÍSIMA TRINIDAD) ✱✱

Centro neurálgico del distrito del Castillo y de la antigua Buda, en sus inmediaciones se encuentran lugares emblemáticos como la iglesia de Matías o el Bastión de los Pescadores.

La plaza debe su nombre a la **Columna de la Trinidad** (Szentháromság Szobor), barroca y de 14 m de altura, emplazada en su mismo centro. Fue cons-

- 🕐 42 (B1)
- ✉ Szentháromság tér
- 🍴 Pastelería Ruszwurm (M)
- 🌐 www.ruszwurm.hu
- 🚊 Bus 16, Varbusz

▲ Plaza de la Santísima Trinidad, con la columna del mismo nombre.

truida en 1712 como acción de gracias por parte de los supervivientes de las epidemias de peste que en 1691 y 1709 asolaron la ciudad.

En el nº 2 se levanta un **edificio** de estilo barroco de finales del siglo XVIII, reedificado en estilo neogótico, que fue el antiguo Ayuntamiento de Buda hasta la formación de Budapest en 1873, y que en la actualidad acoge la Fundación de Cultura Húngara, con salas de exposiciones y un hotel.

En los alrededores, en Szentháromság utca 7, está la **pastelería Ruszwurm**, abierta desde 1827, con decoración estilo Imperio.

ı SZIKLAKORHAZ (HOSPITAL DE LA ROCA) ✶✶

Bajo los bastiones, junto a la salida de la colina por la puerta Fehérvári, aún podemos conocer otros dos núcleos de interés: la **Casa Real de los Vinos Húngaros y Museo de Bodegas** (Királyi Borház és Pincemúzeum) y el vecino **Hospital militar de la Roca**, excavado en la roca al modo de un búnker, como refugio antiatómico, que ha quedado tal y como estaba, tras su utilización entre 1945 y 1962, con las salas perfectamente ambientadas.

La visita con todos los utensilios e instrumentos quirúrgicos, las explicaciones de los guías y los maniquíes perfectamente vestidos es muy impresionante.

· · · · · · · · ·

🕐 42 (B1)
✉ Lovas Út 4/c
🕐 de mart a dom de 10 h a 20 h, con entrada hasta una hora antes
🎫 30 €

Hospital militar de la Roca
✉ Sziklakórház
🖥 www.sziklakorhaz.eu
🕐 M-D: 10 h-20 h, con entrada hasta una hora antes

I ÚRI UTCA (CALLE DE LOS SEÑORES) ★★

Es la calle más larga y antigua de la colina del Castillo, la única con orientación norte-sur y la más antigua de Buda, pues bajo su pavimento se ha encontrado un camino del siglo XIII. Conserva interesantes vestigios medievales en patios, bodegas e interior de las viviendas, pero las fachadas solo mantienen algunos detalles de la época, pues fueron completadas en estilo barroco o neoclásico, y reconstruidas después de 1945.

En el núm. 49 se puede visitar el **Museo del Teléfono,** en un local que fue antiguo monasterio de clarisas con un claustro reconstruido en 1785 en estilo barroco tardío. Igual que en la paralela Tárnok utca, el subsuelo de esta calle está horadado por un **laberinto** de cavernas y galerías que han servido de refugio en tiempos de guerra y de bodega en épocas más tranquilas.

42 (A1)

Museo de la Telefonía Húngara
De 10 h a 18 h en verano y hasta las 16 h en invierno
www.postamuzeum.hu
Alabárdos (C)
16, Varbusz
Limitada

I VÁRHEGY (COLINA DEL CASTILLO) (▶20)

I VÁRSZINHÁZ (TEATRO DEL CASTILLO) ★

Este edifico barroco construido en 1725, inicialmente como convento de carmelitas, fue convertido en teatro en 1786, cuando el emperador José II disolvió la orden. Ha vivido momentos históricos (fue escenario de la primera función teatral en lengua húngara, y Beethoven dirigió un concierto en el año 1800).

Cerca, en la misma plaza del funicular (Szent György tér), se halla el **Sándor Palota** (Palacio Sándor), que fue la casa oficial del primer ministro hasta 1944, y en la actualidad ha sido destinada al presidente de la República.

42 (B2)
Szinház utca, 1
Fekete Holló (M)
16, Varbusz
Limitada

▼ Sándor Palota, residencia del presidente húngaro.

Pest

Más cosmopolita y moderna que Buda, pero también con un rico patrimonio histórico y cultural, Pest es una urbe activa con amplias avenidas repletas de tiendas, cafés y restaurantes. Todo el conjunto urbano lleva el sello de un siglo XIX imperial con pleno predominio del eclecticismo arquitectónico y el sugerente estilo Secesión.

▌Pest

En Pest no quedan vestigios medievales, pero contiene las marcas y heridas de la historia húngara. Esta parte de la ciudad contiene el estilo propio de los esplendores urbanos del Imperio austrohúngaro, cuando Budapest se codeaba sin complejos con sus rivales Praga y Viena.

Pest cobra impulso a principios del siglo XIX, cuando Buda se mantiene en un complaciente letargo, tras las numerosas destrucciones sufridas en su azarosa historia. En esa época se supera el perímetro de la antigua ciudad medieval con una expansión acelerada que alcanza su máximo desarrollo tras la unificación con Buda en 1873 y la celebración del milenio húngaro en 1896. En ese periodo se levantan algunos de los edificios y monumentos más emblemáticos de Hungría en los alrededores de la avenida Andrássy út.

Además de acoger los órganos de gobierno del país y de ser el centro cultural, comercial y administrativo de la capital, es el distrito que proporciona los mejores momentos en la vida nocturna de Budapest.

La fisonomía de Pest nada tiene que ver con lo que se haya podido ver en Buda. Haber tenido un desarrollo más reciente ha permitido que las calles de Pest tengan una sencilla planificación en cuadrícula con dos anillos concéntricos que rodean su perímetro en torno al Danubio. No hay problema a la hora de desplazarse en transporte público por el centro de Pest.

"Por la calle Teréz út, llena de suntuosos edificios y todo nuevo, voy a la calle Andrássy. Como es día de Corpus, se ve mucha gente de fiesta. Voy al muelle en el río y veo el nuevo Palacio del Parlamento, que aún no está acabado, gótico, muy elegante, con numerosas estatuitas y cresterías y torres muy típicas. Por la tarde estoy en el parque Városliget, muy grande, muy hermoso, con grandes árboles agrupados de modo muy artístico, y con numerosos cafés, restaurantes, caballitos, teatros, etc. Una extraordinaria animación. Es un cuadro muy digno de verse. Por la noche estoy en el Teatro de la Ópera, en la calle de Andrássy, y ceno antes en el gran restaurante Drehler, que está enfrente."

Joaquim Miret i Sans.
Dietarios de viaje, 1901.

▌Sándor Marai

"Pest es llana, judía, comercial y progresista, mientras que Buda tiene colinas, es gentil, residencial y conservadora."

Divorcio en Buda.

▼ Metro "pequeño" de Budapest.

LO QUE HAY QUE VER EN PEST

**I ANDRÁSSY ÚT
(AVENIDA ANDRÁSSY) (▶29)** ★★★

**I BELVÁROSI PLÉBÁNIATEMPLOM
(IGLESIA PARROQUIAL DEL CENTRO)** ★★

Este templo es el edificio religioso más antiguo de Pest y, probablemente, el que más estilos aúna, ya que incluye románico, gótico, renacentista, barroco y neoclásico, junto a vestigios de la dominación turca y un aprovechamiento de los cimientos del *castrum* romano que existía en el lugar. De la primitiva iglesia románica del siglo XII se conservan algunos fragmentos de pared.

De la fábrica gótica del siglo XIII se aprecian restos en la puerta norte o la capilla mayor, y ciertos elementos interiores como la quinta capilla de la nave derecha, el púlpito, el coro y la nave central. Como elemento renacentista, mantiene los tabernáculos de las capillas a los lados del coro, mientras que de la ocupación turca conserva el *mihrab* del presbiterio.

La iglesia fue reconstruida en el siglo XVIII en estilo barroco, como desvelan la fachada, las torres, las pilas bautismales y el altar de San Juan Bautista. El **interior** tiene una acústica inmejorable.

• • • • • • • •
🚌 43 (C3)
✉ Március 15 tér
🕐 L-S, 9 h-19 h; D, 7.30 h-19 h
🚇 Metro: L3 Ferenciek tere
Tranvía: Línea 2
🍴 Kárpátia (C)
💰 3 €
♿ Buenas

▶ Iglesia parroquial del centro, junto al Danubio, es una de las más antiguas de la ciudad.

I ZSIDÓNEGYED (BARRIO JUDÍO) ✶✶

El actual barrio judío comprende el distrito emplazado entre las avenidas Károly, Király, Erzsébet y Rákóczi, con la calle Dohány como eje central. Fue, en su momento, el centro del judaísmo ortodoxo de Budapest, con tres sinagogas y también infinidad de comercios, aunque en la actualidad quedan pocos ejemplos como testimonio del pasado judío de la zona.

Se mantienen dos templos además de la **Gran Sinagoga** (▶ 85) que asoma en la calle Károly, aunque ninguna de las dos pueda visitarse. La **Sinagoga Conservadora**, de estilo morisco, que data de 1872, está en Rumbach Sebestyén utca 11, mientras que la **Sinagoga Ortodoxa** se sitúa en Kazinczy utca 29.

Igualmente, se puede apreciar en algunas **puertas** de Kazinczy utca la presencia de la *mezuzá* o amuleto para proteger los hogares, situados junto a alguna pastelería y carnicería *kosher*.

43 (C4)
✉ Dohány utca
🚋 Tranvía: Línea 2
🍴 Carmel Pince (M)
🚇 Metro: M2 Astoria
Bus: 7, 7A, 78
Tranvía: 47 y 49
💰 Gratuito
♿ Limitada

I DUNA KORZÓ (PASEO DEL DANUBIO) ✶✶

Es el paseo que se extiende a lo largo del Danubio, entre los puentes de las Cadenas y de Isabel. Con un primer tramo junto al Puente de las Cadenas, donde abundan los hoteles de las grandes cadenas, a partir

43 (C3)
✉ Vigadó tér
🍴 Duna Corso (C)
🚋 Tranvía: Línea 2
💰 Gratuito
♿ Buenas

Pest por Váci utca y la orilla del Danubio

Distancia
2 km

Tiempo
2 horas con paradas

Punto de Partida
Mihály Vörösmarty tér

Fin del trayecto
Ráday utca

🚌 Bus: 16, Varbusz
Tranvía: 2, 3
Metro: M3 Kálvin tér,
Ferenc körút

Ⓜ Fatal (M)
Váci utca, 67
266 2607

▼ Vaci Utca.

▌ Es un paseo iniciático por el centro de Pest sin perder la majestuosidad del Danubio.

Empieza en la **pastelería Gerbeaud**, en la parte norte de la **plaza Mihály Vörösmarty**, frente a la boca de metro.

▌ Por **Vigadó utca** se busca el Danubio y se accede a la **plaza Vigadó** (Vigadó tér), que toma su nombre de la sala de conciertos **Pesti Vigadó**, situada en nº 2. Desde allí se enlaza con el animado **Paseo del Danubio** (Duna Korzó), que se extiende entre los puentes de las Cadenas y de Isabel.

Se llega a la **plaza de Sándor Petöfi**, donde están la **estatua** del poeta y la **iglesia ortodoxa griega** (Görögkeleti Templom), en el tramo del recorrido donde se encuentran los **embarcaderos**.

▌ La plaza Petöfi se ensancha en su parte sur hasta desembocar en la **plaza del 15 de Marzo** (Marcius 15 tér), que está pegada al Puente de Isabel, junto la **iglesia Belvárosi** (Belvárosi Templom), el templo más antiguo de Pest. En ese punto se busca **Váci utca**, girando a la izquierda por **Szabadsajtó utca**.

Por Váci se pueden hacer **compras** y apreciar detalles arquitectónicos en la **casa** neoclásica del nº 9, cuyos bajos acogen la **floristería Philantia**, en estilo Secesión, el **balcón** *art nouveau* del nº 8 o la **Casa Thonet**, en el nº 11, con sus azulejos *Zsolnay*.

▌ En Szabadjtó utca, se gira a la izquierda para alcanzar **Ferenciek tér** y adentrarse en el **barrio de las universidades**. Se prosigue por **Károlyi Mihály útca**, donde está el hermoso **Palacio Károlyi**.

Al llegar a **Kalvin tér** hay que girar a la derecha y avanzar por **Vámház körút** hacia el **Puente de la Libertad**, buscando el edificio de ladrillo y acero que alberga el **Mercado Central** (Központi Vásárcsarnok).

▌ Conviene buscar una terraza al sur del mercado, en el entorno de **Ráday utca**, muy animada al caer la noche.

de la Plaza Vigadó el espacio se convierte en un animado paseo con puestos de venta de **artesanía** junto a las terrazas de cafés y restaurantes, animados constantemente por actuaciones musicales. Uno de los elementos decorativos más fotografiados es la **estatua** de la Princesita.

En **Vigadó tér** (▶99) hay una parada del **tranvía** nº 2, que recorre la ribera del río frente a uno de los embarcaderos en los que atracan los barcos que se dirigen hacia la curva del Danubio.

◀ Estatua de la Princesita, situada junto al tranvía.

❙ EGYETEMI KÖNYVTÁR (BIBLIOTECA UNIVERSITARIA) ✳

Se trata de un edificio de estilo ecléctico, construido entre 1873 y 1876, en el que destacan los detalles neorrenacentistas y los frescos de su **sala de lectura,** obra de Károly Lotz.

La biblioteca contiene más de dos millones de volúmenes, entre los que sobresalen 175 incunables procedentes de la biblioteca del rey Matías.

🕐 43 (C4)
✉ Ferenciek tere, 6
🕐 L-V, 9 h-18 h
🍴 Soul Café (E)
🚇 Metro: M3. Ferenciek tere
💰 Gratuita al vestíbulo
♿ Limitada

❙ EGYETEM TÉR (PLAZA DE LAS UNIVERSIDADES) ✳✳

La plaza es el centro neurálgico del barrio de las universidades, que se extiende al sur de Ferenciek tere y Szabadsajtó utca, con diferentes facultades en edificios históricos de notable valor monumental y un buen número de cafés y teatros que animan de forma notable su vida nocturna. Su nombre remite a la primera sede universitaria de Pest.

Destacan el macizo edificio de estilo neobarroco que aloja en la actualidad la **Facultad de Derecho,** dentro del centro **Universidad Loránd Eötvös** (ELVE), considerada la iglesia barroca más bella de Pest.

🕐 43 (D4)
✉ Egyetem tér y Papnövelde utca 9
🕐 L-V, 9 h-18 h
🍴 Paris Texas (B)
🚇 Metro: M3. Ferenciek tere
💰 Gratuito
♿ No

Construida en 1748 en mármol verde y gris como monasterio de la orden de clérigos barnabitas de San Pablo. En su fachada destacan la hilera de pilastras y las figuras de San Pablo y San Antonio flanqueando el escudo de la orden. En el interior son notables el **púlpito**, la **balaustrada** de la galería del órgano y el **altar** donde hay una copia de la *Virgen Negra de Czetochowa* de Polonia.

❙ FERENCES TEMPLOM (IGLESIA FRANCISCANA) ✱✱

Está situada en la confluencia de Ferenciek tere con Károly Mihály út. El templo fue edificado sobre una mezquita en 1727, enteramente en estilo barroco, aunque su torre fue modificada en el siglo XIX con detalles románicos. En la **fachada** destacan las esculturas de santos franciscanos y la portada con el escudo de la orden, coronada por una figura de la *Virgen rodeada de ángeles*.

Su interior presenta una única nave, con un fastuoso **altar mayor** barroco y **capillas** laterales cuyos altares están realizados en mármol de distinto color. Todo el techo está decorado con **frescos** de Károly Lotz y Tardo Krenner. En el exterior que da a la calle Kossuth Lajos hay un **relieve** que indica el nivel que alcanzaron las aguas en las inundaciones de 1838.

❙ FÖLDALATTI VASÚTI MÚZEUM (MUSEO DEL METRO DE BUDAPEST) ✱✱

Se trata de un pequeño museo situado en la estación Deák tér, donde se exhiben vagones antiguos y recuerdos de los primeros años del suburbano de Budapest, que tiene el valor de ser el metro más veterano de Europa, después del suburbano de Londres.

- 43 (C4)
- Ferenciek tere
- L-V, 8 h-18 h
- Múzeum (C)
- Metro: M3. Ferenciek tere
- Gratuito
- Limitada

- 43 (C4)
- Deák tér
- M-D, 10 h-17 h
- Metro: M1, 2 y3. Deák tér
  Bus: 9, 16, 105
- Lou Lou (M)
- Tranvía: 47 y 49
- 1 €
- No

▶ Mosaicos en el metro de Budapest.

▌ CONTEMPORARY PHOTOGRAPHY CENTER ROBERT CAPA ✱

Este espacio en el que se exhiben fotografías lleva por nombre el de uno de los más relevantes fotógrafos del siglo XX, Robert Capa, nacido en Budapest en 1913. En este lugar no se encuentra material de trabajo, ni imágenes del fotógrafo que tomara la famosa instantánea con la que la Guerra Civil española pasó a la historia, *Muerte de un miliciano*.

Aquí lo que sí tiene lugar es la celebración de exposiciones permanentes y temporales de grandes fotógrafos internacionales y locales. El objetivo del centro, además, es el de difundir las obras expuestas y dar a conocer los trabajos de los fotógrafos del país y forasteros.

🕐 f. p.
✉ Nagymezo utca 8
🌐 www.gerbeaud.hu
🕐 L-D, 11 h-19 h
🌐 http://capacenter.hu/en/
💷 8 €

▲ Palacio Gresham.

▌ GRESHAM PALOTA (PALACIO GRESHAM) ✱✱

Entre los edificios de la **Plaza Roosevelt,** destaca la imponente fachada con azulejos dorados del Palacio Gresham, llamado así por haber sido construido en el año 1907 por la aseguradora inglesa del mismo nombre. Se trata de uno de los ejemplos más notables de estilo Secesión, con una **fachada** ornamentada con mosaicos, frisos, formas curvilíneas y temas orgánicos.

Tras una severa rehabilitación, el palacio se ocupó desde 2006 por el selecto **Hotel Four Seasons Gresham Palace,** uno de los mejores establecimientos hoteleros de la ciudad.

🕐 43 (B3)
✉ Roosevelt tér, 5 y 6
🍷 Mori Borozó (B)
🚋 Tranvía: 2 y 2A
♿ Sí

▌ MAI MANÓ HÁZ (LA CASA DE LOS FOTÓGRAFOS HÚNGAROS) ✱

Siguiendo la línea del centro Robert Capa, este espacio tiene como fin de promover el trabajo fotográfico de los fotógrafos húngaros. La sede de esta casa

🕐 f. p.
✉ Terézváros, Nagymezo utca 20.
🌐 http://maimano.hu/en
🕐 M-D, 12 h-19 h
💷 5 €

GASTRONOMÍA

La cocina húngara es bastante elaborada y dueña de sabores únicos donde domina un característico regusto picante. Es una herencia de las antiguas tradiciones de los pastores húngaros que, a partir del siglo XVIII, se fueron fusionando con las corrientes culinarias internacionales de inspiración francesa transmitidas a través de Austria, las cuales consiguieron aligerar bastante la pesadez de los platos magiares. En la actualidad, la comida mantiene las raíces tradicionales, si bien hay una amplia gama de ofertas a disposición de paladares más convencionales.

❚ Ingredientes y platos

Hungría cuenta con recetas personales, en las que aporta sabor el condimento por encima de los ingredientes. Los ingredientes habituales son la grasa de cerdo, la cebolla, el ajo, la crema de leche agria y, especialmente, la famosa *páprika* o pimentón húngaro, que es el condimento rey de numerosos platos y de todos los tradicionales.

Se llama *paprikache* a todos los guisos sazonados con pimentón y acompañados por una salsa de crema agria *(tejföl)*, de gusto ligeramente ácido, que en los últimos años se acostumbra a sustituir y aligerar con nata líquida, que le da un sabor más dulzón. Como entremeses o **entrantes,** es muy interesante probar el *foie* húngaro en cualquiera de sus variantes o alguno de los patés del país. Las ensaladas, que habitualmente se sirven como acompañamiento del plato principal, se alejan de la tradición mediterránea, ya que habitualmente se componen de coles, pepinos, remolacha y pimientos en vinagre. Como entrantes también se puede degustar alguno de los afamados embutidos húngaros, entre los que destaca el salami, al que un ligero adobo con pimienta negra aporta un sabor delicioso.

Entre las **sopas** más destacadas, se hallan la *halászlé,* sobre una base de pescados del Danubio; la *pacalleves,* una deliciosa sopa de callos; la sopa de gallina *a la Újházi;* y el famoso *goulash* húngaro, que, pese a la opinión generalizada, no es un estofado de carne, sino una sopa elaborada con carne de vaca, verduras y patatas, a la que se añade *páprika* en dosis muy limitadas. El *bográcsgulyás* es una variante del *goulash,* pero más espeso y cocido en una olla de hierro fundido.

El *hortobágyi palacsinta* es una pasta delgada rellena de carne molida, manteca, cebolla, y *páprika,* que se acompaña con crema de leche agria. Otro ingrediente clásico en los primeros platos son las **coles,** que se pueden preparar frescas, aderezadas

▼ La gastronomía húngara tiene su base en los guisos y sopas, bien condimentados (paprika), y la repostería.

con harina tostada en manteca y crema de leche agria, hinojo o tomate; o fermentadas, para confeccionar la col *a la kolozsvár,* en la que se alternan las capas de carne, tocino y chorizo, y que es el material básico para la famosa col rellena.

Entre los **platos principales** tradicionales destaca el *pörkölt,* un estofado de carne elaborado de forma parecida al *goulash* pero más espeso. Se prepara con carne de vaca, cerdo o pollo ligada con una salsa de cebollas, *páprika,* comino y vino. El *tokány* es una variante del *pörkölt* con la carne en lonchas finas y la salsa con cebollas, champiñones, guisantes y crema agria. Un segundo plato típico es el *tottkaposzta,* unas hojas de coliflor rellenas de carne picada y arroz recubiertas con salsa de nata ácida. Otro de los platos más clásicos es el *paprikás csirke csuszatésztával,* pollo a la *páprika.*

▍ **Los cafés**

"Budapest es la ciudad de los cafés. El que quiera retratar la capital, que retrate sus cafés."

Ödön Ger,
Budapest, 1891

▲ Posavasos de cerveza húngara.

◀ Restaurante turístico en Pest.

En cuanto a los **pescados,** a pesar de proceder del Danubio o del Lago Balaton y no tener el sabor característico de los productos del mar, son sabrosos el *Balatoni fogas,* una especie de lucio del Lago Balaton, y la *pontyszeletek Bakonyi módra,* que se asemeja en sabor y textura a la carpa.

De los **postres** se puede decir que es en la repostería donde la cocina húngara adquiere uno de sus mejores exponentes. Los más extendidos y exquisitos son las *palacsinta,* tortas rellenas de mermelada y chocolate fritas en aceite, y la célebre y deliciosa *dobostorta,* un pastel de moka y caramelo creado por el famoso chef József Dobos. Igualmente exquisitos son los *somlói galuska,* bizcocho con crema, nueces y pasas bañado en chocolate y nata batida, y los *rétes,* pasteles de hojaldre rellenos con requesón, manzana, cereza, ciruela o guinda.

Los **quesos** en general son de oveja o de mezcla de vaca y oveja siempre de media curación, con

un sabor bastante fuerte. Los más conocidos son el *Pálpusztai, Bakony, Márványsajt* y el *Körözött,* que, al ser el más popular, no podía dejar de tener entre sus ingredientes la consabida *páprika,* además de hinojo.

Bebidas

A diferencia de otros países centroeuropeos, donde la bebida reina es la cerveza, Hungría puede llegar a resultar un paraíso para los amantes del buen **vino.** Existen numerosas regiones vinícolas que, gracias a una climatología privilegiada y unos suelos ricos en componentes minerales, producen caldos de calidad reconocida dentro y fuera de sus fronteras. El más célebre es el *Tokaji Aszú,* un blanco dulce con alta graduación alcohólica, indicado para los postres, y que pasa por ser uno de los mejores y más caros vinos del mundo.

Como variante más asequible se puede optar también por el *Tokaji Szamorodni* en sus variantes de semiseco o dulce. Entre los blancos secos, los más reputados proceden de las viñas de las colinas volcánicas del norte del Balatón y los de las laderas del Mátra, como el *Abasári Rizling Tokaji* y el *Egri Leányka* (muy apropiado para patés, verduras rellenas e incluso pastas).

Otro vino blanco excelso es el *Somló,* que presenta un color amarillo verdoso y aroma afrutado. Los tintos proceden de las zonas de Eger, Szekszárd, y Pécs. El más tradicional y popular es el *Egri Bikavér* ("Sangre de toro"), un recio caldo de la región de Eger, muy apropiado para asados de carne roja y caza.

Otra de las especialidades húngaras son los **aguardientes** y licores digestivos entre los que destacan los *Pálinkas,* destilado de diferentes frutas, como más populares los de pera y ciruela. Igualmente solicitados son el aguardiente de albaricoque *Kajszi* de Kecskemet y el de ciruela de Szatmár.

Más sorprendente para paladares hispanos es el **licor digestivo** *Unicum,* elaborado con hierbas, según receta antiquísima, con aspecto que más bien semeja un barniz y que constituye una de las compras más socorridas entre los turistas.

Tanto en restaurantes como en otros establecimientos hosteleros la **cerveza** está muy extendida, en su mayoría del tipo *lager,* con abundancia de todo tipo de marcas de importación. Entre las cervezas húngaras, presentan niveles de calidad muy dignos las marcas: *Kobányai Világos, Dreher, Arany Ászok, Soproni* y *Bak.*

▲ Botellas de licor y paprika, productos típicos húngaros.

▶ Uno de los restaurantes más antiguos de Budapest, fundado en 1830.

estudio es un edificio de finales del siglo XIX. Ambos sitios, el Centro Robert Capa, como La casa de los fotógrafos húngaros, apuestan por la fotografía como una disciplina artística más.

I HOPP FERENC KELET-ÁZSIAI MÜVÉSZETI MÚZEUM (MUSEO HOPP DE ARTE DEL ESTE DE ASIA) ✱

Todas las colecciones que se exponen en el museo, incluido el mismo edificio, fueron donadas por el millonario Ferenc Hopp (1883-1919), que tras hacerse rico con una óptica se dedicó a viajar por Asia recopilando piezas artísticas.

En las inmediaciones se puede visitar otra colección: el **Museo Oriental Ráth György,** que reúne una muestra de objetos de China y Japón, recopilados por diferentes viajeros durante el siglo XIX. Contiguo a esta galería, en el nº 7 de Városligeti Fasor, se ubica la **iglesia calvinista** de estilo Secesión, con vidrieras de colores y azulejos de cerámica en su fachada.

- ● f. p.
- ✉ Andrássy út 103 y Városligeti Fasor, 7
- ◑ M-D, 10 h-18 h
- 🌐 hoppmuseum.hu
- 🚇 Metro: M1 Bajza utca
  Bus: Rojo 4
- 🍴 Menza (M)
- 🍽 Barato
- ♿ No

I HÓSÖK TERE (PLAZA DE LOS HÉROES) ✱✱

Es la plaza más grande de Budapest y el escenario de ceremonias solemnes y de manifestaciones políticas y religiosas. El fondo de la explanada está definida por dos semicírculos de columnas, que forman parte del **monumento al Milenio,** con el que se simboliza el nacimiento de la nación húngara. Entre ambas se alza un pilar de 36 m rematado por una estatua del arcángel San Gabriel, con una corona y la doble cruz apostólica. El monumento fue erigido en 1896 para conmemorar los mil años transcurridos desde la conquista del territorio húngaro por las tribus magiares y la designación de San Esteban como primer rey.

Más al fondo se encuentra el **mausoleo** dedicado al soldado desconocido y a las víctimas de la sublevación de 1956. A ambos lados en los semicírculos de columnas están situadas catorce **estatuas** de diferentes personalidades de la historia húngara, comprendida entre San Esteban y Lajos Kossuth. El mausoleo es el lugar ante el que se desfila en los actos oficiales y donde las delegaciones extranjeras depositan coronas de flores en señal de respeto a los héroes húngaros.

- ● f. p.
- ✉ Hósök tér
- 🍴 Gundel (C)
- 🚇 Metro: M1 Hósök tér
- ♿ Sí

▼ La explanada de la Plaza de los Héroes.

I IPARMÜVÉSZETI MÚZEUM (MUSEO DE ARTES APLICADAS) ✱✱✱

El primer valor de este museo es su impactante edificio de estilo Secesión en dos plantas, construido entre los años 1893 y 1896, con motivo de la *Exposición del Milenio*. El proyecto fue concebido por el maestro de la Secesión húngara Ödön Lechner, que se inspiró para la estructura básica en el museo londinense Victoria & Albert, pero imponiendo su estética particular. En la decoración aplicó los habituales azulejos de cerámica *Zsolnay* para las cubiertas, junto a elementos de inspiración oriental que revelan la voluntad del autor por buscar raíces exóticas en el arte magiar. El resultado fue un edificio impactante y un interior donde destaca el **patio** cubierto con un techo de hierro y cristal.

El palacio alberga una excelente muestra de artes decorativas húngaras y extranjeras, con colecciones que incluyen orfebrería, muebles, tejidos, cerámica y cristalería. Cabe destacar las piezas de estilo Secesión, los objetos de manufactura *Zsolnay,* las piezas de cristalería *Tiffany* y los tapices prerrafaelistas y las alfombras persas.

I KÁROLYI PALOTA (PALACIO KÁROLYI) **

Palacio construido en 1832 en estilo neoclásico sobre una antigua mansión barroca. El edificio alberga el **Museo de la Literatura de Hungría** y la **Biblioteca de Sándor Pétofi**, donde están reunidos numerosos objetos y originales de grandes escritores húngaros.

Acostumbra a ser el centro elegido por el Instituto Cervantes de Budapest para llevar a cabo exposiciones sobre temas españoles.

I KELETI PÁLYAUDVAR (ESTACIÓN DE KELETI) *

Este grandioso edificio, construido en 1884, remite a las estaciones ferroviarias más clásicas. Fue la mayor de Europa hasta bien entrado el siglo xx.

La visita es obligada para todos los amantes del ferrocarril y para quienes hayan elegido este medio de transporte para llegar a Budapest, dado que es la estación término de los trenes procedentes del oeste. El conjunto tiene un estilo neorrenacentista con imágenes escultóricas en la fachada y frescos de Károly Lotz en la sala principal.

La estación se localiza en una plaza situada al final de la avenida Rákóczi, donde confluye la línea 2 del metro.

I KEREPESI TEMETÖ (CEMENTERIO KEREPESI) *

Este cementerio tiene más de 150 años. Cuenta con algunos mausoleos y panteones monumentales, en los que reposan los restos de buena parte

---

- ⏱ f. p.
- ✉ Ülloi út 33
- 🕐 Cerrado por obras
- 🌐 www.imm.hu
- 🚋 Tranvías: 4 y 6
  Metro: M3 Ferenc Körút
- ♿ Limitada

¿Sabías que...?

Hungría ha encabezado durante décadas el mayor índice de suicidios de Europa; antiguamente la Iglesia católica húngara era la única que permitía que los suicidas fueran enterrados en los cementerios cristianos.

- ⏱ 43 (D4)
- ✉ Károlyi Mihály utca, 16
- 🕐 M-D, 10 h-18 h
- 🌐 www.pim.hu
- 🚋 Metro: M3. Ferenciek tere
- 💶 2 €
- ♿ No

- ⏱ f. p.
- ✉ Baross tér
- 🕐 Abierto: 24 horas
- 🚋 Tranvía: 24
  Metro: M2 Keleti pu
- 💶 Gratuito
- ♿ Limitada

- ⏱ f. p.
  Próximo a la estación Keleti
- ✉ Fiumei út
- 🕐 L-M, 7-18 h
- 🚋 Tranvía: 24
  Metro: M2 Keleti pu
- 💶 Gratuito
- ♿ No

▲ Detalle decorativo, en el café del Hotel Astoria.

Hotel Astoria
- 🕐 43 (C4)
- ✉ Kossuth Lajos, 19
- ☎ 317 3411
- 🕐 Salón de té: 7 h-23 h
- 🚋 Tranvía: 24
  Metro: M2 Astoria
- 🍴 Kárpátia (C)

▼ El Mercado Central.

de los personajes más eminentes de la historia húngara. Destacan los **mausoleos** de Lajos Kossuth, Ferenc Deák, Lajos Batthyány y Lujza Blaha.

❚ KIS KÖRÚT (PEQUEÑO BULEVAR)   ✱

Es un primer anillo que une el Puente de la Libertad con la plaza Deák, en un recorrido que coincide con las **murallas** medievales del sigl xv, de las que se pueden ver algunos restos en Kálvin tér, Múzeum körút y Magyar utca. El bulevar va cambiando de nombre según avanza: Vámház, Múzeum y Károly, antes de llegar a Deák tér.

En la confluencia de Múzeum Körút, Rákóczi út, Károly körút y Kossuth Lajos utca se encuentra el magnífico **salón de té** en estilo Secesión del **Hotel Astoria,** donde se conserva todo el refinamiento de los hoteles históricos de Budapest. El hotel abrió sus puertas en 1912, siendo escenario de algunos episodios históricos, como la formación del gobierno democrático de 1918.

La palabra magiar *körút* significa "bulevar" en húngaro, y en Budapest hacen referencia a los grandes paseos que circundan Pest en anillos concéntricos. Por oposición al Kis körút, el **Nagykörút** (Gran Bulevar) es el anillo superior que, con una extensión de 5 km, forma un semicírculo alrededor del centro de la ciudad, uniendo el Puente Margarita con el Puente Petöfi en un trayecto que realizan los tranvías 4 y 5.

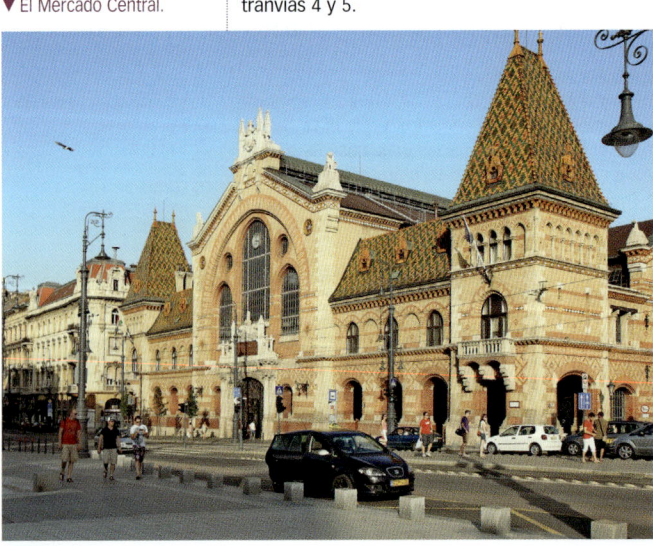

UN PASEO A PIE

Distancia
3 km

Tiempo
3 horas con paradas

Punto de Partida
Deák tér

Fin del trayecto
Hósök tere

🚇 Metro: M1
Tranvía: 4. Hósök tere
Bus: 70, 72 y 74

🍴 Robinson (M)
Allatkerti ut, 2

☎ 464 40 40

Andrássy út hasta la Plaza de los Héroes

▮ Se empieza en el nº 3 de la avenida Andrássy, en cuya primera planta está ubicado el curioso **Museo del Correo** (Postamúzeum), con una entrada decorada con frescos de Károly Lotz.

El conjunto monumental más notable de Andrássy út está en el nº 22: la **Ópera Nacional**. El edificio frente a la ópera es el **Palacio Drechsler**, junto al que se pueden reponer fuerzas en la **pastelería Múvész Cukrászda** del nº 29.

▮ A mano izquierda está **Nagymezó utca**, conocida como "el Broadway de Budapest", donde hay cafés, teatros y cabarets como el **Thalía Szinház**, el **Mikroszkop Szinház** y el **Teatro de la Opereta** (Operett Szinház).

En la **Plaza Oktogon** se puede ir por la rectangular **Liszt Feren tér** donde está la **Academia de Música Liszt**. Avanzando por Andrássy, se recibe el impacto de la **Casa del Terror** del nº 60.

▮ El **Museo Franz Liszt** del nº 69, o frente a la **residencia de Zoltan Kodály,** en la glorieta de Kodály körönd. Hacer un alto en el **Café Luckács**.

Después de Kodály körönd, hay que seguir de frente, pasando algunas de las **mansiones** de finales del xix más impresionantes de la ciudad, con parada en el **Museo Ferenc Hopp de Arte del Este de Asia,** antes de desembocar en la **Plaza de los Héroes,** la más grande de la capital.

▮ Se finaliza en el **Museo de Bellas Artes** (cerrado por obras), dándose un capricho en el restaurante **Gundel** o relajándose en los **Baños Széchenyi.**

▶ Uno de los reyes magiares, en la Plaza de los Héroes.

• • • • • • • • •
- ⏱ f. p.
- ✉ Vámház körút, 1
- ☎ 366 3300
- 🕐 L-V, 6-18 h; S, 6-17 h; D, cerrado
- 🍴 En la 1ª planta
- 🚃 Tranvía: 2, 47 y 49
- 🎟 Gratuito
- ♿ Buena

▼ El moderno centro de ocio y cultura The Bálna.

• • • • • • • • •
- ⏱ f. p.
- ✉ Fovám tér 11-12
- 🕐 L-J y D, 10 h-20 h, V-S hasta las 22 h
- 🌐 www.balnabudapest.hu

▌ KÖZPONTI VÁSÁRCSARNOK (MERCADO CENTRAL) ***

El mercado central de Budapest se localiza en el final de Váci utca, a pocos metros del Puente de la Libertad. Es uno los lugares más visitados de la ciudad por la singularidad del edificio, el ambiente genuinamente húngaro que se respira y por ser el sitio más indicado para hacer compras de productos gastronómicos y de algunos tipos de artesanía.

Ocupa un edificio de ladrillo y acero, con dos torretas cuadradas cubiertas con tejas multicolores, cuya estructura recuerda una estación de ferrocarril. Al igual que otros edificios en los que se combinan ladrillo, acero y cristal, fue concebido para la Exposición Universal de 1896.

El luminoso interior del edificio es una maravilla, con un sorprendente entramado de hierro que divide el espacio en dos plantas, de las cuales la inferior está ocupada por los puestos de alimentación, mientras que en el piso superior se agrupan los puestos de artesanía, bordados y cerámica.

Los restaurantes de comida rápida del primer piso son también excelentes lugares para degustar a buen precio algunas de las especialidades de la cocina húngara.

▌ THE BÁLNA *

Es el centro comercial, de ocio y cultural más moderno de Budapest. Diseñado por el arquitecto holandés Kas Oosterhuis, un defensor de los conceptos de construcción interactiva y de vida, es una mezcla

perfecta de lo antiguo y lo moderno. El diseño contemporáneo se combina con dos almacenes históricos bellamente restaurados de 1881. El nombre se debe a su forma de ballena (bálna en húngaro).

El edificio es toda una atracción, así como la vista de la ciudad desde él. Está ubicado a orillas del Danubio, cerca del Puente de la Libertad y del Mercado Central.

LISZT FERENC MÚZEUM (MUSEO FRANZ LISZT) ⭐⭐

Este museo se ubica en el primer piso de una casa neorrenacentista cuyas ventanas están decoradas con bajorrelieves de compositores famosos. En esta vivienda residió, desde 1879 hasta su muerte en 1886, Liszt Ferenc, el músico húngaro más famoso de todos los tiempos.

Cien años más tarde fue inaugurado este museo, en el que se exponen documentos y objetos personales de Liszt, con varios pianos y una pequeña sala de conciertos. La casa está orientada a Andrássy út, con acceso por Vörösmarty utca.

- f. p.
- Andrássy 69 y Vörösmarty utca 35
- L-V, 10 h-18 h; S, 9-17 h
- www.lisztmuseum.hu
- Lukacs (M)
- Bus: 4 Tranvía: M1 Vörösmarty utca
- 7 €
- Limitada

LISZT ZENEAKADÉMIA (ACADEMIA DE MÚSICA LISZT FERENC) ⭐⭐

El edificio, construido en 1907, es una pequeña maravilla cuyo eclecticismo incluye detalles barrocos, neoclásicos y orientalistas, en un conjunto donde no faltan elementos de estilo Secesión, especialmente en el vestíbulo, por su decoración con porcelanas *Zsolnay* y pinturas con alegorías de la música.

El exterior de la academia, además de la lógica **estatua de Liszt,** obra de Alajos Stróbl, presenta otras de músicos como Gounod y Bizet, mientras que en el interior destaca la imagen de Béla Bartók, obra de András Beck.

La academia es la sede de la Orquesta Filarmónica de Hungría, cuyos conciertos y ensayos son la única oportunidad de contemplar los decorados de los dos auditorios, de los cuales el mayor, **Nagyterem** (Gran Sala), tiene capacidad para 1.200 personas y está presidido por el enorme órgano *Walcler*.

En la taquilla (Király utca nº 64), informan sobre la programación del centro, con posibilidad de asistir también a los interesantes ensayos matutinos de los sábados.

La Academia de Música está en la agradable **Liszt Ferenc tér,** repleta de animados **cafés** y **terrazas** que hacen de este un sitio de moda en la vida nocturna de la ciudad.

- f. p.
- Liszt Ferenc tér, 8
- Según conciertos
- http://zeneakademia.hu
- Menza (M)
- Metro. M1 Oktogon
- Gratuito
- Limitada

▲ Piano en el Museo Franz Liszt.

① f. p.
✉ Komor Marcell utca, 1
🕐 M-D, 10 h-20 h
🌐 www.ludwigmuseum.hu
🚌 23, 54 y 55
🚊 Tranvía: 2 y 24
💶 5 €: colección permanente
Moderado: exposiciones
temporales
♿ Sí

I LUDWIG MÚZEUM-KORTÁRS MÜVÉSZETI MÚZEUM (MUSEO LUDWIG DE ARTE CONTEMPORÁNEO) ******

Se trata de una pinacoteca de arte moderno, en la que se exponen los fondos donados por los mecenas alemanes Peter e Irene Ludwig.

El museo se encuentra en la planta baja del **Palacio de las Artes,** donde fue trasladado en 2005 desde su anterior ubicación en el Palacio Real. Expone en su colección permanente una completa sección de arte moderno, Picasso incluido, y de *pop art* americano (Warhol, Liechtenstein, Oldenburg y Rauschenberg), junto a secciones dedicadas al arte centroeuropeo y del este, con especial énfasis en la obra de autores húngaros desde los años 60 hasta la actualidad.

Son notables las exposiciones temporales que el museo programa para divulgar la obra de artistas actuales.

① f. p.
✉ Komor Marcell u. 1
🕐 De 10 a 18 h
🌐 www.mupa.hu/en

I PALACIO DE LAS ARTES (MÜPA BUDAPEST) ******

En este lugar se celebran todo tipo de espectáculos musicales y de danza, además de festivales literarios y cinematográficos. El edificio se encuentra junto al Danubio, en una zona que corría el riesgo de caer en el abandono.

Gracias a este edificio el sitio se ha revitalizado y nuevas disciplinas artísticas se están introduciendo en la ciudad. En el interior de este edificio se encuentra el mayor órgano de conciertos del mundo. Un instrumento que combina arquitectura y música a partes iguales.

I MAGYAR ÁLLAMI OPERAHÁZ (TEATRO DE LA ÓPERA) (▶28)

① f. p.
✉ Kazinczy utca, 21
🌐 elektromuzeum.hu
Ⓜ Karmel Pince (M)
🕐 M-V, 10 h-17 h; S, 9 h-16 h
Ⓜ Metro: M2 Astoria
💶 Barato

I MAGYAR ELEKTROTECHNIKAI MÚZEUM (MUSEO DE LA ELECTROTECNOLOGÍA HÚNGARA) *****

Situado en pleno barrio judío, expone instrumentos relacionados con la electricidad y curiosidades como las alarmas colocadas en las alambradas electrificadas o los contadores de consumo eléctrico instalados en los apartamentos de miembros del Partido Comunista.

① f. p.
✉ Múzeum Körút, 14
🌐 mnm.hu
🕐 M-D, 10 h-18 h
Ⓜ Metro: M2 Astoria. M3
Kalvin tér
Tranvía: 47 y 49

I MAGYAR NEMZETI MÚZEUM (MUSEO NACIONAL HÚNGARO) *******

El museo contiene la mayor colección de piezas de todo tipo sobre la historia de Hungría. Su origen se remonta a 1792, cuando el conde Ferenc Széchenyi donó su inmensa colección de numismática y arqueología, compuesta por más de 20.000 objetos, para que sirvieran como fuente de conocimiento de la historia húngara.

El museo fue inaugurado en 1847 en un palacio de estilo neoclásico y evidente inspiración grecorromana, obra de Mihály Pollack, que consiguió una de las construcciones más solemnes de Budapest. El edificio tiene un monumental **pórtico** de columnas romanas, coronado con un tímpano en el que se alude al pasado romano del país como origen del culto a las artes y las ciencias. En 1848, las **escaleras** de acceso fueron utilizadas como tribuna para proclamar la independencia del país, en un acto revolucionario en el que se interpretó el himno compuesto por el poeta Sándor Petöfi.

Las colecciones del museo están distribuidas cronológicamente en tres pisos. Sorprende que la sección donde se utilizan los sistemas más modernos corresponda al periodo que va desde la prehistoria hasta la llegada de las tribus magiares en el siglo X. Las secciones que van de la conquista del territorio por los magiares y la guerra de independencia contra los Habsburgo, incluye coronas y mobiliario real y ejemplos de pintura y escultura de los siglos XVI y XVII. En las secciones de los siglos XVIII al XX conviven retratos y pinturas históricas con piezas relacionadas con el levantamiento de 1848, celebración del milenio en 1896, Segunda Guerra Mundial y el levantamiento de 1956.

¿Sabías que…?

En Hungría existe una gran afición a los libros y grabados antiguos y en Budapest los mejores establecimientos Antikvárium se encuentran frente al Museo Nacional, en la calle Múzeum Körút, donde se pueden encontrar toda clase de rarezas bibliográficas, así como láminas, litografías o antiguos discos de vinilo.

▼ Museo Nacional Húngaro.

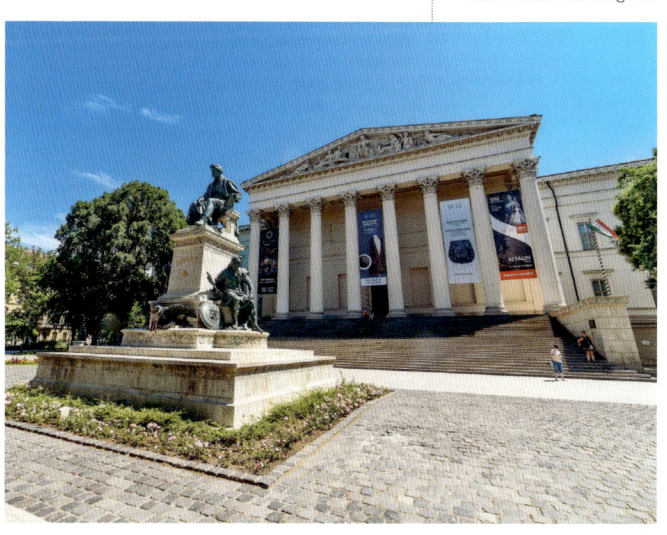

⊙ 43 (B3)
✉ Roosevelt tér
⌂ www.mta.hu
🚊 Tranvía: 2
💲 Gratuito

▍ MAGYAR TUDOMÁNYOS AKADÉMIA (ACADEMIA HÚNGARA DE CIENCIAS) ✱✱

El edificio está situado en el extremo norte de la Plaza Roosevelt, en un entorno donde destacan también el **Palacio Gresham** (▶71) y el **Puente de las Cadenas** (▶25). Alberga la **Academia Húngara de Ciencias**, institución fundada en 1825 por el conde István Széchenyi, con el objetivo de impulsar la causa magiar y el desarrollo de la lengua húngara.

El edificio fue realizado según los planos del arquitecto berlinés Friedrich Stüler y del húngaro Miklós Ybl, que aplicaron un estilo neorrenacentista y una decoración en las fachadas con alegorías de las diferentes ramas del saber. En las esquinas se erigen estatuas de eminentes pensadores, como Newton y Descartes. En su interior se conservan **frescos** de Károly Lotz que no se pueden contemplar en visitas turísticas.

▍ VÖRÖSMARTY MIHÁLY TÉR (PLAZA VÖRÖSMARTY) ✱

Está considerado el centro del antiguo Pest, ya que en este lugar se encontraba la puerta norte de la ciudad, la **Puerta de Vác,** por donde entraban la mayoría de comerciantes y mercancías. La plaza recibe el nombre del poeta romántico-patriótico Mihály Vörösmarty, cuya **estatua** en mármol se levanta en el centro de la plaza.

Todo el entorno está rodeado por edificios comerciales, sedes de bancos y oficinas, aunque el local más interesante es la **pastelería Gerbeaud** (Gerbeaud Cukrászda), cuya decoración interior recrea el ambiente de los grandes cafés europeos del siglo XIX. Es un lugar adecuado para iniciar el recorrido por Pest, ya que su extremo sur se abre a la calle peatonal **Váci,** eje de la actividad comercial de Budapest, mientras que **Vigadó utca** se dirige al Danubio, en las proximidades del Puente de las Cadenas y Roosevelt tér.

⊙ 43 (C3)
✉ Vörösmarty tér
🍴 Duna Corso (C)
🚇 Metro: M1, Vörösmarty
Tranvía: 47 y 49
♿ Sí

▼ Plaza Vörösmarty.

I NAGY ZSINAGOGA (GRAN SINAGOGA) ⭐⭐⭐

La mayor sinagoga de Europa fue construida en estilo bizantino-morisco entre los años 1854 y 1859, según los proyectos del arquitecto vienés Ludwig Förstet.

Fue un encargo de la congregación judía renovadora, que propugnaba un cierto alejamiento de los ritos más ortodoxos, por lo que el templo tiene algunos elementos que lo diferencian del resto, como la decoración exterior o la diferente posición de la *torah* y el *binah* con respecto a los feligreses. Destruida por los nazis, su reconstrucción se prolongó durante las décadas de los 50 y 60 gracias a las aportaciones de comunidades judías extranjeras y a las donaciones de la fundación creada en Nueva York.

Su inmensa **fachada** exterior, de reminiscencias moriscas, aparece encuadrada por dos **torres** rematadas por cúpulas bulbosas de cobre. El interior de tres naves también sorprende por sus enormes dimensiones, con una capacidad para 3.000 personas, en un recinto donde se mantiene la separación de sexos en las tribunas.

El **Museo Judío** está situado en el primer piso del anexo situado en el ala izquierda de la sinagoga. En él se exhiben objetos para el culto y las diferentes celebraciones, así como documentos sobre el antisemitismo.

El **cementerio de los Héroes** es un espacio abierto cubierto con lápidas, en el lateral de la sinagoga. Está orientado hacia Wesselényi utca, donde fueron enterrados quienes murieron en el *gueto*.

••••••••

- 🏛 f. p.
- ✉ Dohány utca 2
- 🌐 www.jewishtourhungary.com
- 🕐 De 10 h a 18 y viernes hasta las 14 h. Cierra sábados. Se recomienda ir temprano.
- 🚇 Metro: M2, Astoria. Bus: 7 y 7A. Tranvía: 47 y 49
- 🍴 Kádár Étkezde (B)
- 💶 30 €
- ♿ No

▲ Impresionante fachada e interior de la Gran Sinagoga.

Detrás de la sinagoga está el **Árbol de la Vida,** en homenaje a los 600.000 judíos húngaros asesinados por los nazis. Se trata de un sauce de plata diseñado en 1990 por Imre Varga, en cuyas hojas figuran nombres de familias víctimas del holocausto.

❙ NEMZETI SZÍNHÁZ
(TEATRO NACIONAL DE HUNGRÍA) ★★

Desde el momento de su inauguración en 2002, el edificio del nuevo auditorio de Budapest ha estado marcado por la polémica. Está situado en Ferencvaros, junto al Danubio, en el final del nuevo Barrio del Milenio, donde también se encuentra el Palacio de las Artes (Mupa) y el Museo Ludwig. Fue concebido por la arquitecta Mária Siklós.

- f. p.
- Bajor Gizi Park
- www.nemzetiszinhaz.hu
- Según programación.
  Hay visitas guiadas 2 €
- Sí

▲ Teatro Nacional de Hungría.

Sorprende por sus grandes dimensiones y sus extravagantes detalles, que llegan al paroxismo en el **parque** que comparte con el Palacio de las Artes, donde destacan un **laberinto** y una **Torre de Babel**.

❙ NÉPRAJZI MÚZEUM
(MUSEO DE ETNOGRAFÍA) ★★

El pétreo edificio situado en Kossuth Lajos tér fue diseñado para albergar el Tribunal Supremo de Hungría, por lo que no deben sorprender su sobriedad y las estatuas de jueces y legisladores.

Concebido en 1893 por Alajos Hauszmann en estilo Secesión, tiene un soberbio **vestíbulo,** donde destacan las enormes **escalinatas** y el **fresco** *Justicia,* de Károly Lotz, en su techo. El contenido del museo exhibe objetos procedentes del país que reflejan la cultura rural húngara. Están logradas las réplicas de casas campesinas de la región del Transdanubio.

- 43 (A3)
- Kossuth Lajos tér
- www.neprajz.hu
- Cerrado hasta 2020
- Metro: M2, Kossuth Lajos tér
  Bus: 15. Tranvía: 2
- Café Kör (M)
- Barato
- No

I NEW YORK PALOTA
(PALACIO NUEVA YORK) **

Es uno de los **salones de té** más célebres de la animada avenida Erszébet körút. El edificio en estilo *art nouveau* tiene mucha historia dentro de sus paredes, después de haber sido construido en 1891 bajo la supervisión de Alajos Hauszmann para ser la sede de una importante compañía de seguros neoyorquina.

Después de una rehabilitación, los salones neobarrocos se reabrieron al público manteniendo el majestuoso interior de mármoles, columnas salomónicas, dorados y lámparas *art déco*.

I NYUGATI PÁLYAUDVAR
(ESTACIÓN DE FERROCARRIL DEL OESTE) **

Fue construida en 1877 sobre la primera estación ferroviaria húngara, la estación de Pest, que servía a la línea Budapest-Vác.

La estación se localiza en **Nyugati tér,** una confluencia de calles muy bulliciosa, con pasos subterráneos, establecimientos de comida rápida y alguna de las discotecas más animadas de Budapest.

A pocos pasos de Nyugati tér se encuentra el **West End City Center,** un centro comercial, al que se puede acceder desde el metro o mediante los tranvías número 4 y 6. Desde su inauguración en 2006, este centro se ha convertido en uno de los preferidos por su variada dotación de tiendas y comercios, además de otros servicios que incluyen el **Hotel West End Hilton,** casinos, cines y restaurantes.

⏱ f. p.
✉ Erszébet körút, 9
🕐 10 h-22 h
🌐 www.anantara.com/en/
   new-york-palace-budapest
Ⓚ Kulacs (M)
Ⓜ Metro: M2, Blaha Lujza.
   Bus: 15
💰 Caro
♿ Limitada

▼ Interior del Palacio de Nueva York.

El Barrio Judío

Distancia
2 km

Tiempo
1,5 horas con paradas

Punto de Partida
Dohány utca 2, ante la Gran Sinagoga

Fin del trayecto
Kossuth Lajos, 19

Metro: M2, Astoria
Bus: 7 y 7A
Tranvía: 47 y 49
Café Astoria (M)
Kossuth Lajos, 19

▶ Interior de la Gran Sinagoga situada en el Barrio Judío.

▼ Interior del café Astoria.

▌ Se empieza en **Dohány utca** 2, ante la **Gran Sinagoga,** estremeciéndose ante el **cementerio de los Héroes** y el **Árbol de la Vida** (▶85-86).

Tras la visita a la sinagoga, hay que tomar **Wesselényi utca** y girar en **Rumbach Sebestyén utca,** buscando otros testimonios del pasado judío, primero en la **Sinagoga Conservadora** del nº 11, y en el nº 29, en la **Sinagoga Ortodoxa.**

Al recorrer **Kazinczy utca,** donde convivían gentiles y judíos ortodoxos, se aprecian vestigios de aquella época en algunos establecimientos, así como el **seminario hasídico,** en cuyo patio está la entrada al **restaurante Hanna.**

▌ Se puede visitar el curioso **Museo de la Electrotecnología,** situado en el nº 21 de Kazinczy utca, y hacer un breve descanso en la entrañable **plaza de Klauzál,** un auténtico oasis de paz.

Se sale del barrio por **Wesselényi utca,** hasta topar con **Erzsébet körút,** frente al edificio en estilo *art nouveau* del **Palacio Nueva York,** en cuyos salones neobarrocos resulta provechoso hacer balance de lo visto hasta ese punto en el barrio judío.

▌ **Erzsébet Körút** es una de las avenidas más animadas de Budapest, con un buen surtido de tiendas, cines, hoteles y cafés-pastelerías. Discurre entre Oktogon y la bulliciosa **Blaha Lujza tér,** donde se puede retornar al centro de Pest por **Rákóczi út,** para finalizar el recorrido con un poco de sosiego en el **salón de té** del **Hotel Astoria.**

| ORSZÁGHÁZ (PARLAMENTO) (▶26)

| POSTAMÚZEUM (MUSEO DEL CORREO) ✱✱

El **palacio** donde está ubicado este museo dispone de una entrada con una **escalera** decorada con magníficos **frescos** de Károly Lotz. El museo está dedicado a la historia del correo postal, con algunos sistemas interactivos que permiten utilizar varios de los instrumentos expuestos.

- 43 (B4)
- Andrássy út, 3 w
- www.postamuzeum.hu
- M-D, 10 h-18 h (cerrado por obras)
- Metro: M1, 2, 3 Deák tér
  Bus: 105. Rojo 4

| POSTATAKARÉK PÉNZTÁR
(CAJA POSTAL DE AHORROS) ✱✱

Esta obra maestra del genio del *art nouveau* húngaro Ödön Lechner está situada en una salida de la **Szabadság tér** (plaza de la Libertad) (▶91), en el trayecto entre la plaza de San Esteban y el Parlamento y es, junto con el Museo de Artes Aplicadas y el Instituto de Geología, un exponente del potencial que el estilo Secesión ofrece para decorar fachadas con figuras y escenas alegóricas.

El edificio fue un encargo directo que la propia entidad financiera realizó en 1901 a Lechner que, además de los detalles en la ornamentación y los mosaicos florales, tuvo en cuenta la actividad de los promotores, al incluir abejas trabajadoras y colmenas como alegorías del ahorro. Los azulejos y las tejas multicolores del techo llevan el sello de la fábrica *Zsolnay*, en una demostración de cómo la cerámica húngara fue uno de los sellos personales de Lechner y del estilo Secesión.

- 43 (A4)
- Hold utca, 4
- visita vestíbulo en horario de banca: 9 h-14 h
- Bus: 15
  Metro: M2, Kossuth Lajos tér Tranvía: 2
- Café Kör (M)
- Gratuito
- Sí

| RÁDAY UTCA (CALLE RÁDAY) ✱✱

Calle semipeatonal con gran actividad cultural, en la que abundan bares y restaurantes de ambiente joven y cosmopolita. Se encuentra en el distrito IX, al sur de la plaza Kálvin tér, junto a la biblioteca Ervin Szabó y algunas universidades. Recibió su nombre de Gedeon Ráday, famoso poeta cuya biblioteca constaba de 10.000 volúmenes, que se puede visitar en un pequeño **museo**.

La calle brinda un sinfín de posibilidades culturales, por el gran número de **festivales** que aquí se celebran, sus galerías de arte y los conciertos musicales que se llevan a cabo en bares y locales. Los festivales se resumen bajo el nombre de **Ráday kultucca,** que desde el mes de abril hasta octubre agrupa eventos como el *Festival de las Artes Contemporáneas Plein-Art,* la *Semana del Libro* o el *Festival de Música Progresiva.*

Al margen de actividades culturales, la calle Ráday tiene un valor importante por su extensa nómina

- f. p.
- Ráday utca
- Tranvías: 4 y 6
  Metro: M3 Kálvin tér
- Claro Biztro y Paris Texas
- Gratuito
- Sí

▶ Monumento a la Libertad en la Plaza homónima.

••••••••

⏱ 43 (B3)
🚊 Tranvía: 2 y 2A

¿Sabías que...?

Cuando descolgamos el teléfono y decimos "Halló" estamos usando una palabra húngara. La primera central telefónica fue inventada en Estados Unidos por Tivadar Puskás, un ciudadano húngaro que, cuando hizo la primera conexión, dijo en lengua magiar "¿Hallod?" ("¿Puedes oírme?"). Una palabra que, a partir de entonces, se adoptó en las comunicaciones telefónicas de todo el mundo.

••••••••

⏱ 43 (A3)
📍 Szabadság tér
🚌 Bus: 15
　　Metro: M2,
　　Kossuth Lajos tér
　　Tranvía: 2
🍴 Mori Borozó (B)
💲 Gratuito
♿ Sí

••••••••

⏱ f. p.
📍 Szabó Ervin tér
🕐 L-V, 10-20 h; S, 10-14 h
🌐 www.fszek.hu
🚊 Tranvías: 4 y 6
　　Metro: M3 Ferenc Körút
🍴 Cualquiera de Ráday utca
💲 Gratuito
♿ No

---

de **bares** y **restaurantes** con terraza, que hacen que sea uno de los lugares más agradables para cenar y tomar copas.

I ROOSEVELT TÉR (PLAZA ROOSEVELT)　　✶✶

La plaza es un homenaje al conde István Széchenyi, que –entre otras actividades– fue el promotor de dos elementos que marcan la plaza: el **Puente de las Cadenas** (▶25) y la **Academia Húngara de Ciencias** (▶84).

El conde István Széchenyi, cuya **estatua** se levanta en el centro de la plaza, fue uno de los personajes más importantes de la época y el auténtico reformador de la Hungría del siglo XIX.

La segunda **estatua** de la plaza, situada en la parte sur, corresponde al político Ferenc Deák (1803-1876), que contribuyó al llamado *Compromiso de 1867,* del que surgió la monarquía bicéfala de Austria y Hungría. En el monumento hay una alegoría a dicha unificación, que no deja de ser irónica, ya que en las estatuas de los dos niños cogidos de la mano el austriaco va vestido y aparentemente bien alimentado, mientras que el niño húngaro aparece desnudo y despeinado. La Plaza Roosevelt cuenta también entre sus atractivos con el **Palacio Gresham** (▶71).

I SZABADSÁG TÉR
(PLAZA DE LA LIBERTAD)　　✶✶

La Plaza de la Libertad fue diseñada por Antal Paloczy en 1902, sobre un solar que había estado ocupado por instalaciones militares austriacas que incluían una temible prisión. Ahora es una de las mayores plazas de Pest, con algunos edificios emblemáticos, además del correspondiente a la **Caja Postal de Ahorros** (▶89).

En los números 8 y 9, situados frente a frente, se encuentran los edificios de la **Televisión Húngara** y el **Banco Nacional de Hungría**, construidos por Ignác Alpár, en 1901, con claras influencias Secesión y del *art nouveau.* En la plaza también se localiza la **Embajada estadounidense** y la **estatua** del general americano Harry Hill Bandhotz.

I SZABÓ ERVIN KÖNYVTÁR SZÉKHÁZA
(BIBLIOTECA ERVIN SZABÓ)　　✶✶

Está ubicada en las cercanías del Museo de Artes Aplicadas, en un palacio neobarroco con detalles rococó. La construcción del edificio fue un encargo de la acaudalada familia de banqueros Wenckheim, en 1887, al arquitecto Artur Meining, que diseñó un interior cargado de detalles. Merecen destacarse

Distancia
3 km

Tiempo
3 horas con paradas

Punto de Partida
Szent István tér

Fin del trayecto
Oktogon

Tranvía: 2 desde Kossuth tér hasta Szent István Lajos körút
Metro: M2, Kossuth tér, M3 Nyugati Pályaudvar y M1 Oktogon
Bus: 15 y trolebuses 70 y 78 (Parlamento), 6 (Nyugati Pályaudvar).
Mori Borozó (B)

▶ Sala de Plenos.

▼ Estatua de Jozséf Attila frente al Parlamento.

Alrededores del Parlamento

▌ El recorrido va por **Lipótvaros,** la Ciudad de Leopoldo, un conjunto urbano que lleva el sello de los esplendores urbanos del imperio austro-húngaro.

Arranca en **Szent István tér,** frente a la cúpula de la **basílica de San Esteban**.

▌ Desde Szent István tér, hay que caminar por **Október 6 utca** hasta **Szabadság tér** (plaza de la Libertad), para llegar a la **Caja Postal de Ahorros** (Postatakarék Pénztár), obra del **Ödön Lechner**.

Nada más entrar en Kossuth Lajos tér, tras pasar el **Ministerio de Agricultura** en Vértanúk tere, se recuerda la sublevación contra los soviéticos del año 1956 ante el **monumento a Imre Nagy.**

▌ Se puede visitar en Kossuth Lajos tér el **Parlamento** e inspeccionar el **Museo de Etnografía** (Néprajzi Múzeum), en el nº 12 de la plaza.

Desde la plaza del Parlamento, el barrio tiene elegantes calles que finalizan en **Szent István Lajos körut,** donde hay teatros como el **Vígszínház** y algunos detalles arquitectónicos interesantes en edificios de finales del siglo XIX.

▌ Dejando a mano izquierda el **Puente de Margarita** y el **Danubio,** hay que avanzar a la derecha hasta alcanzar **Nyugati tér,** donde destaca la **Estación del Oeste** (Nyugati Pályaudvar). Ahí está el complejo **West End City Centre**.

Se avanza por Teréz körút para hacer un alto en el **salón de té** del **Radisson Béke Hotel** y finalizar el recorrido en la **Plaza Oktogon.**

la **cúpula,** con relieves, las **puertas** forjadas, las inmensas **lámparas,** la **escalera** de caracol de la sala de lectura y, en general, todo el mobiliario y la ornamentación de escayola, estucos y tracería de oro.

| SZÉCHENYI FÜRDÓ (BAÑOS SZÉCHENYI) ✶✶

Las instalaciones que albergan uno de los complejos termales más grandes de Europa están localizadas en el extremo izquierdo del paseo central del **Parque Városliget.**

Como se puede apreciar al contemplar la torre neobarroca del vistoso edificio, su imagen no responde a la estética turca de otros baños de Budapest, ya que los Baños Széchenyi se construyeron en 1909 para aprovechar una fuente termal descubierta casualmente en una perforación.

⏱ f. p.
✉ Állatkerti út, 11
☎ www.szechenyifurdo.hu
🕐 Todos los días, 6 h-22 h
🚇 Metro: M1, Széchenyi Fürdó
🪑 5 €
🍴 Gundel

Tienen dos partes bien diferenciadas, con un **ala sur** del edificio, en estilo Secesión, que alberga los baños medicinales con separación de sexos, mientras que la neobarroca **ala norte** contiene el complejo mixto de piscinas, baños y saunas. Se trata de los baños más apreciados por los húngaros, con unas instalaciones que incluyen baños termales y piscinas cubiertas y al aire libre.

▲ Baños Széchenyi, cuyas instalaciones mantienen la estética de principios del siglo XX.

| SZENT ISTVÁN BAZILIKA (BASÍLICA DE SAN ESTEBAN) ✶✶✶

Es el edificio religioso de mayores dimensiones de Budapest. Su silueta se divisa desde cualquier punto de la ciudad. Tiene un aforo para 8.000 personas y una altura de 96 m en su cúpula neorrenacentista

🕐 43 (B3)
✉ Szent István tér, Budapest V
🕐 Entre abr-oct, 9 h-17 h; resto del año, 9 h-16 h
☎ www.bazilika.biz
🪑 2 € la torre

A SPANYOLORSZÁGI
NEMZETKÖZI
BRIGÁDOK MAGYAR
HARCOSAINAK
EMLÉKÉRE
1936-1939

BUDAPEST FÖVÁROS TANÁCSA 1970

central, los mismos que la cúpula del Parlamento. La iglesia fue proyectada por József Hild en 1851, pero su construcción se prolongó hasta 1905.

La **fachada** principal tiene torres laterales rodeando un frontón donde se han colocado los cuatro evangelistas, el relieve de San Esteban y el mensaje *Ego sum via veritas et vida* sobre el pórtico. Su interior es de planta de cruz griega, con un **altar mayor** dominado por una estatua en mármol de San Esteban, obra de Alajos Stróbl. En la capilla de la izquierda se venera en un relicario de oro la mano derecha del santo, la **Santa Diestra.**

En la entrada del templo se halla el acceso al **Tesoro** de la basílica, que incluye todo tipo de objetos religiosos procedentes de diferentes iglesias del antiguo imperio austrohúngaro.

◄ Tres estatuas del Szépművészeti Múzeum, soldado ruso, monumento a la amistad soviética y en memoria a los brigadistas húngaros en la Guerra Civil española.

I SZERB TEMPLOM (IGLESIA SERBIA) ✱✱

Su silueta domina el barrio de las universidades, que en otros tiempos estuvo poblada por un gran número de emigrantes serbios que huían de los turcos en el siglo XVII.

La iglesia fue construida en estilo barroco y posteriormente ampliada en 1733, hasta alcanzar el aspecto que tiene en la actualidad, con una sola nave en la que mantiene el culto greco-ortodoxo con separación de los fieles por sexos.

🕐 43 (D4)
✉ Szerb utca, 4
🕐 8 h-20 h
🚇 Metro: M3 Ferenc Körút y M2, Kossuth Lajos tér
Bus: 15
💶 Gratuito
♿ No

I SZÉPMŰVÉSZETI MÚZEUM (MUSEO DE BELLAS ARTES) (▶30)

I SZOBORPARK-MEMENTO PARK (PARQUE DE LAS ESTATUAS) ✱✱

Es un recinto ubicado lejos del centro urbano, que en realidad no corresponde ni a Buda ni a Pest, en el distrito XXII. Se trata del lugar donde los húngaros han agrupado todas las estatuas y monumentos comunistas que jalonaban Budapest.

El parque incluye **estatuas** de Lenin, Marx y Engels; de dirigentes comunistas húngaros; de trabajadores concienciados y soldados soviéticos; y otras curiosidades como las botas de la estatua de Stalin derribada en 1956, o el monumento a los participantes húngaros en las Brigadas Internacionales en la Guerra Civil, en las que aparecen lápidas con nombres de ciudades españolas donde hubo batallas importantes.

El memorial cuenta con salas de exposiciones y exhibe una película real sobre las prácticas de los agentes de seguridad nacional para preparar a delatores y espías.

🕐 f. p.
✉ Balatoni utca con Szabadka
🕐 10 h hasta el atardecer
🚇 Metro línea 4 y 2
🚌 101B, 101E y 150
🌐 www.mementopark.hu
💶 8 €
♿ Buena

- ● f. p.
- ✉ Hotel Radisson Béke: Teréz körut 43.
- ☎ 889 39 00
- ◷ Salon de té: 10 h-19 h
- 🚋 Tranvía: 24
- 🍴 Fülemüle Étterem (B)
Metro: M2 Astoria
- 🍽 Medio
- ♿ Limitada

- ● f. p.
- ✉ Andrássy út, 60
- 🌐 www.terrorhaza.hu
- ◷ M-D, 10 h-18 h
- 🚇 Metro: M1. Vörösmarty utca
Bus: 4
- 🍴 Iguana (B)
- 🍽 10 €
- ♿ No

▲ Estatua de un dirigente comunista.

TERÉZ KÖRÚT (BULEVAR TERESA) ✶

Es el tramo de bulevar que discurre entre Nyugati tér y la Plaza Oktogon. Se trata de una calle muy animada por cines, tiendas y restaurantes de todo tipo, especialmente los de comida rápida.

El establecimiento más interesante corresponde al nº 43, donde se ubica el *Hotel Radisson Béke,* con un suntuoso interior del siglo XIX, en el que destacan las vidrieras y los murales de estilo Secesión.

Para apreciar esos detalles, se puede hacer uso del restaurante o de la cafetería, cuya vajilla *Zsolnay* se ajusta perfectamente con la estética *art nouveau* del establecimiento.

TERROR HÁZA (CASA DEL TERROR) ✶✶✶

Este museo se distingue enseguida, a pocos metros de Oktogon, en un edificio con llamativos aleros. Su nombre hace justicia a las espantosas prácticas que tuvieron lugar en esta casa, ya que el recinto aterrorizó a los húngaros durante más de 50 años. Fue la comisaría central de la Policía Secreta Húngara (AVO) y el lugar donde eran trasladados y torturados los representantes de la oposición política durante el nazismo, y más tarde bajo la dictadura comunista.

Convertida en 2002 en un museo interactivo un tanto siniestro, la Casa del Terror es un recordatorio de la represión, con una ambientación muy cuidada que incluye música militar de fondo, un carro blindado en el patio, material propagandístico, ascensores con sorpresa, fotos de los antiguos policías y celdas, en el sótano, que literalmente producen angustia.

Un museo que no deja indiferente a nadie y que se ajusta perfectamente a la placa que se exhibe en su entrada: "No podemos olvidar el horror del terror, recordaremos a sus víctimas".

VÁCI UTCA (CALLE VÁCI) ✶✶

La calle Váci es la vía más conocida del centro de Pest y su principal arteria comercial, con tiendas de ropa, cafeterías, galerías de arte, anticuarios y locales de venta de recuerdos.

Tiene dos tramos bien diferenciados, el primero de los cuales discurre en paralelo al **paseo del Danubio,** desde Vörösmarty hasta Ferenciek tér, en un recorrido que marcaba la extensión total de Pest durante la Edad Media.

Se trata de una zona peatonal destinada al paseo, con numerosos edificios notables como la casa neoclásica del nº 9, cuyo bajo acoge la **floristería**

Philantia en estilo Secesión; la del nº 8, con un balcón *art nouveau;* o la **Casa Thonet** del nº 11 que, con sus azulejos *Zsolnay,* está considerada una obra maestra del principal arquitecto de la Secesión húngara, Ödön Lechner.

En la confluencia con Ferenciek tér destacan del resto los **Palacios Klotild** (Klotild Paloták), construidos en 1902 en estilo historicista con elementos barrocos, que inicialmente sirvieron como viviendas de pisos de alquiler, y el llamativo edificio, mezcla de estilo morisco y veneciano, erigido para ser sede de un banco en 1909, y cuyo interior está atravesado por la **Galería de París** (Párisi Udvar), que fue el centro de la moda de Budapest a principios del siglo xx.

El **tramo sur** de Váci utca es igualmente peatonal. Dispone de una abundante dotación de tiendas de anticuarios, librerías, galerías de arte y bares de moda, que hacen especialmente animada esta zona durante todo el día y primeras horas de la noche.

Tiene también edificios notables, como el que se ubica en los números 62 y 64, con tres plantas que mezclan varios estilos, donde tiene su sede el **Ayuntamiento** (Új Városháza), que solo se puede visitar mediante cita previa.

I VÁROSLIGET (PARQUE DE LA CIUDAD) ***

Es el mayor parque de Budapest después de la isla Margarita. Se encuentra detrás de la plaza de los Héroes, en un área a la que se accede por un puente

43 (D4)
Metro: M1. Vörösmarty utca
Tranvía: 2
Fatal (M)
Sí

▲ Animación en las terrazas de Váci Utca.

f. p.
Hósök tere
M-V, 10 h-18 h;
S-D, 10 h-19.30 h
Metro: M1, Széchenyi Fürdó
Bus: 20, 30, 105, 4 Rojo
Robinson (M)
Gratuito
Limitada

▲ Castillo de Vajdahunyad a orillas del estanque.

▶ Iglesia románica en el complejo de Városliget.

situado detrás del monumento del Milenio. Fue coto de caza de los Habsburgo, hasta que en 1896, con la celebración del Milenio, fue reacondicionado como jardín de estilo inglés para el disfrute de todos los vecinos de Budapest. Alberga varias atracciones: un **castillo,** una **capilla,** dos **museos,** un **lago** donde se puede pasear en barca, un **balneario,** un **parque de atracciones** y un **zoo.**

Entre los elementos de mayor interés, se encuentra el **Castillo de Vajdahunyad** (Vajdahunyad Vára), una fortaleza con varios pabellones que en 20 edificios recrean diferentes estilos emblemáticos de la arquitectura húngara, con notable precisión en la pequeña iglesia románica, réplica de una abadía del siglo XIII al oeste del país, así como en la fortaleza que recrea el castillo de los Eszterházy de Sopron.

Entre las **estatuas** del parque destaca sobre todo la de **Anonymus,** la cual representa al clérigo de la corte del rey Béla III, que fue el encargado de redactar las primeras crónicas del país. En Városliget también se encuentran los **baños Széchenyi** (▶93).

I VIGADÓ TÉR (PLAZA VIGADÓ) ✱

La plaza Vigadó forma parte del panorama del Danubio que recibió el título de Patrimonio de la Humanidad de la Unesco en 1987. Toma su nombre de la bella **sala de conciertos Pesti Vigadó,** que está considerada uno los mejores ejemplos de la arquitectura romántica húngara. En su **fachada** destaca el escudo de armas de Budapest, junto a una serie de estatuas y bustos.

Para visitar el interior y contemplar el auditorio, es imprescindible aprovechar un día de conciertos. El concierto inaugural de la sala Pesti Vigadó corrió a cargo de Liszt. Desde entonces han actuado en ella todos los grandes músicos húngaros.

La Plaza Vigadó está a pocos metros del **Duna Korzó,** (paseo del Danubio), que enlaza en su recorrido plazas como **Petöfi tér,** presidida por la **estatua** en bronce del famoso poeta nacionalista húngaro Sándor Petöfi (1823-1849), y donde se localiza la **iglesia ortodoxa griega** (Görögkeleti Templom), construida en 1794 según un estilo barroco tardío, obra del prolífico arquitecto húngaro Miklós Ybl.

🕓 43 (C3)
✉ Vigadó tér
🎫 Según programación musical

▲ Otro ala del Castillo de Vajdahunyad.

Óbuda y Aquincum

Es la tercera de las ciudades históricas que forman el moderno Budapest. Se encuentra al norte de Buda, en la orilla oeste del Danubio a poca distancia del Puente Árpád y de la isla Margarita. A Óbuda conviene ir para visitar las ruinas romanas que hablan del pasado más remoto de la ciudad, así como las casas burguesas del siglo XVIII que rodean la plaza Fö. El recorrido permite imaginar cómo estaba estructurada la ciudad a finales del siglo XIX, con sus casas burguesas, granjas, posadas y algunos palacios.

I Óbuda (El Viejo Buda) y Aquincum

Su historia más reciente ha tenido menos sobresaltos que sus vecinas, a pesar de ser la zona más antigua de la ciudad. Aquincum fue capital de la provincia de Panonia Inferior desde el siglo II, llegando a estar habitada por más de 60.000 personas. Tras el derrumbamiento del Imperio romano, fue ocupada por tribus húngaras y de nuevo destruida bajo ocupación turca. Óbuda fue reconstruida en el siglo XVIII, para unirse en 1873 a la recién creada Budapest. Tras concluir la Segunda Guerra Mundial, la zona fue elegida para desarrollar el cinturón industrial de Budapest.

LO QUE HAY QUE VER EN ÓBUDA

I AQUINCUM ★★

Es el recinto en ruinas de la que fuera ciudad romana más importante de Europa central. Se sitúa en el extremo norte de Óbuda. La visita permite conocer detalles de una ciudad que vivió su época de mayor esplendor en los siglos II y III, con vestigios interesantes como el **foro**, la **basílica,** los **baños públicos** y los restos del **mercado** *(macellum)*.

El recinto incluye un pequeño **museo** que alberga una colección de armas y utensilios encontrados en Aquincum y en otros yacimientos de Hungría.

La visita a las ruinas romanas de Óbuda se puede completar en la **Villa de Hércules** (Meggyfa utca 19), construida en el siglo II d.C., que cuenta con

I John Lukacs
"En Óbuda se podía hallar un gran astillero naval, la sinagoga más antigua de la ciudad y cierto número de tabernas baratas, las cuales tenían gran reputación por los platos de pescado del Danubio".

Budapest (1900)

- Aquincum Múzeum. Szentendrei út, 139
- Museo: M-D: nov.-mar., 10 h-16 h; resto del año, 10 h-18 h. Parque arqueológico: abr.-oct., 9 h-18 h
- www.aquincum.hu
- Bus: 34 y 43
- Tren: HÉV
- Kéhli Vendéglö (C)
- 14 €
- Muy limitada

interesantes **mosaicos,** y en el **Római fürdó** (baño romano), situado en un gran **parque** al norte de Óbuda.

▍ FÖ TÉR-SZENTLÉLEK TÉR
(PLAZAS MAYOR Y DE LAS ÁNIMAS) **★★**

La plaza Fö y sus aledaños disponen del conjunto arquitectónico más interesante de Óbuda, gracias a sus **casas** barrocas del xviii. Destaca el **Palacio Zichy,** situado en el número 1 de la plaza, una mansión de estilo rococó construida en el siglo xviii cuya sobria fachada no invita a pensar que su interior alberga dos interesantes museos.

El **Museo Vasarely** está consagrado íntegramente a la obra del padre del *op-art,* Victor Vasarely (1908-1997). En él se exponen casi 400 piezas de distinto formato, entre las que abundan los característicos contrastes en figuras geométricas y colores.

El otro es el **Museo Kassák Lajos,** que exhibe la obra del impulsor del constructivismo húngaro, junto a piezas del arte vanguardista de principios del siglo xx.

▍ FLÓRIÁN TÉR (PLAZA FLORIÁN) **★**

Es el centro histórico de Óbuda, en una compleja confluencia de viales de donde parten la avenida Szentendrei hacia Aquincum y Pacsirtamerö utca, en dirección al **Anfiteatro Militar Romano** (Római Katonai Amfiteátrum). En la misma plaza se hallan

· · · · · · · · ·

Fö tér 1
Kisbuda Gyönye (C)
Autobús: 86
Medio
No

Museo Vasarely
Szentlélek tér, 6
M-D 10 h-17.45 h
www.vasarely.hu
2 €

Museo Kassák Lajos
Fo tér, 1
M-D 10 h-17 h
2 €

· · · · · · · · ·

Flórián tér
24 horas
Bus: 11, 33 y 86
Kéhli Vendéglö (C)
Gratuito
No

▶ Conjunto arquitectónico de la Plaza Fö.

vestigios del pasado romano en las ruinas de un **baño termal** militar, las **Thermae Maiores,** situadas en el paso subterráneo que conecta también con la estación del tren.

La pequeña zona de exposición permite comprobar que los turcos no hicieron más que reproducir lo que habían inventado los romanos, pues sus instalaciones tenían también piscina central de agua caliente, baños de vapor y piscinas pequeñas a diferentes temperaturas.

| VARGA IMRE KIÁLLÍTÓTEREM
(SALA DE EXPOSICIONES IMRE VARGA)　✱

La colección reúne obras de pequeño formato de uno de los maestros de la escultura húngara del siglo xx, Imre Varga (1923). Sus obras, diseminadas por todo Budapest, son de diferente temática y dan servicio tanto al régimen comunista como al actual sistema democrático. En el exterior se observa un conjunto escultórico en metal, obra del autor, de cuatro mujeres con paraguas.

✉ Laktanya utca, 7
🕐 10 h-16 h excepto lun.
🚌 Bus: 86
🎫 3 €
♿ No

| RÓMAI KATONAI AMFITEÁTRUM
(ANFITEATRO MILITAR ROMANO)　✱

Está situado entre las plazas Flórián y Kolosy, e integrado en el conjunto urbano de Óbuda. Fue construido en el siglo ii, con unas dimensiones y capacidad (135 m de diámetro para 13.000 personas) que lo hacían mayor que el Coliseo de Roma.

✉ Pacsirtamezö utca
🕐 24 horas
🚌 Autobús: 86
🚆 HEV. Tímár utca
☕ Leroy Café Óbuda (B)
🎫 Gratuito
♿ Limitada

Excursiones
desde **Budapest**

Budapest es el centro del país a todos los efectos, incluido todo lo que hace referencia a comunicaciones. Por ello resulta fácil realizar excursiones de un solo día a puntos de interés cercanos. Los parajes naturales en torno a las Colinas de Buda son los más accesibles, casi sin salir del casco urbano, mientras que las localidades de la Curva de Danubio están bien comunicadas por carretera y tren, con la posibilidad de acceder en barco por el Danubio desde el mismo centro de Budapest. Estas localidades (Esztergom, Visegrád, Vác o Szentendre), son centros históricos de primera categoría, con un importante patrimonio artístico. Además, muchos de estos lugares se encuentran tan cerca entre sí que se pueden enlazar en una sola excursión.

Colinas de Buda

Las pequeñas elevaciones situadas al oeste de Buda constituyen un paraje natural perfectamente conservado, donde la población autóctona gusta perderse durante los calurosos meses de verano. Las colinas apenas superan los 500 m de altura. Cuentan con buenos accesos desde el centro de Budapest, aunque es necesario equiparse con algún mapa detallado de la zona si se opta por practicar el senderismo.

LO QUE HAY QUE VER EN COLINAS DE BUDA

SZÉCHENYI HEGY (COLINA SZÉCHENYI) **★★**

Es la colina que se encuentra en la última parada del tren cremallera **Fogaskerekú**. En el parque situado junto a la cima se puede tomar otro ferrocarril, el **Tren de los Niños** (Uttörók), llamado en otra época el *Tren de los Pioneros,* ya que fue construido en 1951 por el movimiento juvenil comunista. Este tren hace un recorrido de 12 km por el apacible **Húvös-völgy** (Valle Fresco), con paradas de las que parten caminos balizados para practicar senderismo. Uno de ellos conduce a **Hármashatár-hegy** (colina de las Tres Fronteras). Húvösvölgy está comunicado con el centro por el tranvía 18 y el 56.

En el camino hay bellos ejemplos de la arquitectura tradicional de la región y villas de comienzos del siglo XX. La **estación** de Húvösvölgy constituye una atracción en sí misma.

JÁNOS-HEGY (COLINA DE JUAN) **★**

Se trata de la colina más alta de la zona (527 m), con impresionantes vistas sobre todo el conjunto natural y Budapest al fondo. Su buena comunicación permite que apenas haya que caminar para alcanzar la

- Tren de Cremallera Fogaskerekú: Szilágyi Erzsébet fasor, 47 (junto a Moszkva tér)
- L-D 17 h-23 h
- Tren de los Niños Széchenyi-hegy
- Irregular; www.gyermekvasut.hu
- Ida y vuelta: 5 €
- Tren de los Niños, 4ª parada
- 158, en Moszkva tér y en Zugligeti út el telesilla *(libegó)* hasta la cumbre

cumbre, donde hay una vieja **torre** con un **mirador**; desde él se puede admirar una panorámica de más de 70 km a la redonda.

▌SAS-HEGY (LA COLINA DEL ÁGUILA) ✳

Tiene un interés especial en su calidad de reserva natural con especies animales únicas en el mundo.

Muy próxima a esta elevación se encuentra **Szabadság-hegy** (colina de la Libertad), con una altura de 482 m. En el valle situado entre Sas-Hegy y Szabadság-hegy se levantó en 1894 el **Cementerio Público de Budapest** (Farkasréti temetö), el segundo mayor de la ciudad después del Cementerio Kerepesi, y el único que oficiaba entierros religiosos durante el régimen comunista.

Algunos de los mausoleos de este recinto son auténticas obras de arte, especialmente los incluidos en la parcela de los artistas, donde descansan músicos insignes como Zoltán Kodály, Béla Bartók o Georg Solti.

No muy lejos, en Csalán út 29, se encuentra la **Casa Museo Béla Bartók,** una residencia campestre donde el músico residió entre 1932 y 1940, y en la que se exponen objetos personales del compositor.

· · · · · · · ·

🖵 Bus: 86, 65
Tranvía: 17 hasta Kolosy tér, donde se debe tomar el autobús 65

Casa Museo Béla Bartók
🕐 M-D 10 h-17 h
🌐 www.bartokmuseum.hu
🎫 5 €

▼ Obseravatorio de Elizabeth en János-Hegy.

❚ La Curva del Danubio

Dunakanyár se puede traducir como "Curva del Danubio" o "Recodo del Danubio". Es el nombre magiar que designa el brusco giro de 90 grados que el Danubio hace al entrar en la estepa húngara, a 40 km de Budapest. Ese meandro bordea una serie de colinas, cubiertas de vegetación y bosques, que configuran uno de los paisajes naturales más bellos de Hungría.

❚ SZENTENDRE ✳

Conocida como "la ciudad del arte y de los museos", es la primera de las tres localidades que se pueden visitar en una excursión de un solo día por la orilla derecha de la Curva del Danubio. Se ubica frente a la **isla de Szentendre,** a los pies de las montañas de Visegrád.

Su historia se remonta a la época romana, pero no sería hasta el siglo xv cuando adquirió importancia, debido a la instalación en su casco urbano de comunidades serbias, griegas y bosnias que huían de la ocupación turca. Estas migraciones impregnaron la ciudad de un carácter mediterráneo y una

Autobuses desde el Puente Arpad cada 30 minutos
En coche: a 20 km por la carretera 11

HEV desde Batthyány tér con salidas cada 20 minutos en verano

Mahart Passnave. Solo en verano, desde Vigadó tér

Szazeves Sólyom Dumtsa Jenö utca 12

▼ Szentendre, uno de los pueblos más bonitos.

tradición ortodoxa que se aprecia en numerosos edificios religiosos y, sobre todo, en las viviendas del casco antiguo.

El recorrido urbano se puede llevar a cabo por Bogdányi utca hasta desembocar en Fö tér, donde abundan las antiguas viviendas pintadas de colores y las iglesias ortodoxas del periodo en que la localidad estuvo habitada por comunidades serbias. En la plaza se encuentra la **Blagovesztenszka Templom** (iglesia de la Anunciación), una iglesia serbio-ortodoxa barroca, construida originariamente en madera por comerciantes griegos. En el centro de la plaza se alza la **Kalmár kereszt** (Cruz del Mercader), de 1763, en estilo rococó en mármol rojo tallado con iconos pintados en hojas de hierro.

Desde Fö tér por Hunyadi utca se alcanza la **Belgrád Szekesegyház** (basílica de Belgrado), construida en estilo barroco en el año 1764, aunque su decoración y terminación final se prolongó durante todo el siglo XVIII.

Entre los edificios civiles, hay que destacar en Péter Pal utca 6 la **Dumtsa Ház** (Casa Dumtsa), de estilo barroco tardío, en cuyo sótano está el **Museo de Lajos Vajda** (uno de los pintores del siglo XX más influyentes en la vanguardia húngara), y la **Városháza** (Casa del Ayuntamiento), un edificio de color blanco construido en estilo barroco en el siglo XVIII.

La visita debe ser completada con la del **Museo del Folclore Húngaro de Skanzen** (Szabadtéri Néprajzi Múzeum), uno de los mejores de su género en Europa.

I VISEGRÁD ✱✱

A 40 km al norte de Budapest, en un enclave rocoso en la margen derecha del tramo más estrecho del Danubio, fue la primera sede de la corte de la monarquía húngara, cuando en el siglo XIV los reyes decretaron la capitalidad de Hungría en la población medieval que se formó en torno al castillo de Visegrád.

Su mayor atractivo es la **Ciudadela,** en un impresionante paraje que explica por qué Visegrád significa "fortaleza elevada" en lengua eslava. La fortaleza formaba parte, al norte, del sistema defensivo del Palacio Real (Királyi Palota), mientras que la hexagonal **Torre de Salomón** y el **Bastión del Agua** (Vizibástya) pertenecían al tramo inferior de la muralla.

En Fö utca 27 es posible visitar los restos del **Palacio Real** (Királyi Palota), junto al embarcadero, cuyas excavaciones han conseguido sacar a la luz

Museo de Lajos Vajda
- ✉ 1 Hungadi, 2000 Szentendre
- ◷ M-D 10 h-18 h
- 🎟 5 €

Museo del Folclore Húngaro de Skanzen
- ✉ Szentendre, Hungría
- ◷ M-D 9 h-17 h
- 🎟 6 €
- 🌐 www.skanzen.hu

- 🚉 Estación Árpád de Budapest
  En coche: 40 km por la Carretera 11
- ◷ Ciudadela: M-D, 9 h-18 h
  Palacio: M-D, 9 h-16.30 h
- 🍴 Diofa Kisvendéglo
  Fö utca 48

una tercera parte del conjunto, donde destaca la famosa **fuente de Hércules,** de mármol rojo, del siglo XV, con los escudos del rey Matías, y la impresionante **fuente de los Leones**.

A la Ciudadela se puede subir por la carretera que serpentea por la colina o siguiendo los senderos balizados con la palabra "Fellegvar". El baluarte está actualmente bastante restaurado con dependencias que corresponden a los sucesivos añadidos que se fueron realizando durante los siglos XIII, XIV y XV.

▌ ESZTERGOM   ★★★

Esztergom es la sede histórica de la Iglesia católica húngara, desde que San Esteban eligiera el lugar para su coronación como primer rey de Hungría, en una tradición que se repitió más tarde con todos los monarcas magiares.

Mil años más tarde, Esztergom sigue siendo la sede del cardenal primado de Hungría, pero también una de las localidades más atractivas de la curva del Danubio, en un punto en el que el río se bifurca formando una isla unida a la ciudad por varios puentes.

Todo el conjunto urbano está coronado por el templo neoclásico de la **Basílica Católica,** cuyas dimensiones la convierten en la mayor de Hungría. Del interior destaca el altar mayor de mármol blanco de Carrara, las pinturas de los altares laterales y la cripta donde están enterrados los primados de la iglesia católica húngara, como el cardenal Mindszenty.

🚌 Buses: Parada del Puente Árpád cada 60 minutos
Tren: Estación Nyugati
En coche: a 66 km por las carreteras 10 y 11
🚢 Solo en verano, desde Vigadó tér
🍴 Szazeves Sólyom Dumtsa Jenö utca 12
🕐 Iglesia: 8 h-16 h
Cripta: 9 h-16 h
🌐 www.bazilika-esztergom.hu
🍴 Restaurante Kispipa Lajós Kossuth 19

▼ Vista de Esztergom.

► Embarcadero
de Esztergom.

Junto a la Basílica se encuentran las **murallas** del antiguo **castillo de Esztergom,** en cuyo interior hay algunos restos de la que fue capilla del palacio y salas de columnas con capiteles decorados.

En la parte baja de la población, el **Museo Católico** (Kerestény Múzeum) exhibe una colección de pintura italiana del Quattrocento, junto a trabajos de autores húngaros, flamencos y alemanes.

El centro urbano de Esztergom se sitúa en la **Plaza Mayor** (Széchenyi tér), con un conjunto monumental en el que destaca el edificio rococó del **Ayuntamiento,** del siglo XVIII, y la **calle Bottyán János**, jalonada de conventos y palacios barrocos.

▌ VÁC

Esta localidad de tamaño medio esconde ciertas sorpresas, como unas **vistas** impresionantes del Danubio, su arquitectura típica centroeuropea o tener el único arco de triunfo de Hungría. La ciudad ha desempeñado históricamente una función de cruce de caminos, desde que en la época romana estuvo considerada como el límite del Imperio, a partir del cual se expandía la tierra de los bárbaros.

En la historia moderna, el obispo Báthory la convirtió en un importante centro religioso, con

la construcción de vistosos edificios barrocos. Vác está delimitada por cuatro plazas, en un conjunto urbano que reviste su esqueleto medieval con los elegantes palacios barrocos y algunos monumentos destacados como el **Arco de Triunfo,** que fue construido en 1764 en honor a la emperatriz María Teresa, quien por cierto, se negó a pasar bajo el arco cuando visitó la ciudad.

La **plaza Március 15** constituye el auténtico centro neurálgico de Vác, junto con su **fuente,** el **Ayuntamiento** del siglo XVIII y la **iglesia Fehérek,** de estilo barroco.

La construcción más monumental es la neoclásica **catedral de la Asunción,** construida en la plaza Konstantin entre 1761 y 1777 por el arquitecto francés Isidore Canevale. Este mostró una especial atracción por las formas geométricas, que tienen su mejor expresión en las seis gigantescas columnas corintias de la fachada.

En el número 2 de la misma plaza está ubicado el **palacio del Obispo** (Püspoki Palota), en estilo barroco y a pocos metros el mencionado Arco de Triunfo.

Fuera del casco antiguo, los paseos más agradables de la ciudad se orientan junto al **puente de piedra** del Gombás, en Diadal tér.

Buses: Parada del Puente Árpád cada 60 minutos
Barco: Solo en verano, desde Vígadó tér
Trenes: desde la estación Nyugati con varias posibilidades de horario según el destino final de cada tren
En coche: a 38 km
Kispipa Lajós Kossuth 19
Szazeves Sólyom Dumtsa Jenö utca 12

Dónde...

Restaurantes

BUDA y ÓBUDA

Rosenstein (C)
Restaurante familiar con una interesante carta de carnes y pescados húngaros.
- ✉ Mosonyi u. 3.
- ☎ 333 3492
- 🌐 rosenstein.hu

Vagon Étterem (M)
Platos caseros de cocina tradicional húngara. Dispone de alternativas veganas.
- ✉ Vérmező u. 70-72
- ☎ 333 1626
- 🌐 http://vagonetterem.hu/

Leo Bistro (C)
Situado en el Hotel Clark Budapest, con vistas al Puente de las Cadenas. Tiene opciones veganas y vegetarianas, y una gran selección de vinos.
- 📍 Clark Adám Tér 1
- ☎ 944 6320
- 🌐 www.leobudapest.hu

Pata Negra Buda (M)
Restaurante especializado en tapas de cocina española.
- ✉ Frankel Leó u. 55
- ☎ 438 3227
- 🌐 www.patanegra.hu

Borkonyha (C)
Combina el ambiente relajado de un bistró francés con platos inspirados en la tradición y llevados a la perfección. Cocina contemporánea húngara.
- ✉ Sas u. 3.
- ☎ 266 0835
- 🌐 www.borkonyha.hu

Café Pierrot (C)
Es la aportación chic a la oferta de restaurantes de la Colina del Castillo, donde abundan los locales con decoración rústica y música magiar. Ofrece cocina húngara modernizada con toques de fusión e influencias francesas. Tiene un menú de cuatro platos con el que pueden comer dos comensales. El aspecto musical lo cubre por las noches un intimista piano.
- ✉ Fortuna utca 14, Budapest I.
- ☎ 375 69 71
- ⏰ De 12 h-14 h
- 🌐 www.pierrot.hu

21 Hungarian Kitchen (M)
Este restaurante desempolva las recetas de la abuela y las sirve en un estilo del siglo XXI. Se encuentra en el lado de Buda.
- ✉ Fortuna u. 21.
- ☎ 202 2113
- ⏰ 12 h-24 h todos los días
- 🌐 www.21restaurant.hu

Arany Hordó (M)
Cocina húngara tradicional en un local de más de 500 años, cuyas bodegas forman parte del laberinto subterráneo de la Colina del Castillo. En el pasado fue residencia del copero real. La carta contiene lo más significativo de la gastronomía magiar, incluidos platos de pescado, platos de caza y pato con salsas de páprika.
- ✉ Tarnok utca 16.
- ☎ 356 13 67
- 🌐 http://aranyhordo vendeglo.hu
- ⏰ De 12 h-24 h

Fekete Holló (M)
En la colina del Castillo está identificado con el rótulo del cuervo negro al que se refiere su nombre. Platos de la cocina tradicional húngara con caza e hígado de pato como especialidades.
- ✉ Országház utca, 10.
- ☎ 800 9214
- 🌐 www.fekete-hollo.hu

Kéhli Vendéglö (M)
Taberna en el centro de Óbuda, en la que se rinde homenaje al escritor Gyula Krúdy. Ofrece en su carta una excelente muestra del recetario tradicional húngaro más casero, con ejemplos de *palacsinta* y solomillo con setas.
- ✉ Mokus utca 22.
- ☎ 368 0613
- ⏰ Comidas y cenas.
- 🌐 www.kehli.hu

ZING Burger (M)
Todo lo que vende es casero: los panes, pastelillos, e incluso el *ketchup* y la mayonesa están elaborados usando su propia receta.
- ✉ Király u. 20.
- ☎ 272 1837
- 🌐 www.zingburger.hu

Precios

Budapest cuenta con una gama de restaurantes que abarca todos los estilos de cocina, en categorías que van desde los restaurantes de lujo hasta los establecimientos modernos de comida rápida. Se puede comer a un coste razonable en los circuitos turísticos y de forma mucho más económica fuera de ellos. Conviene recordar que los menús del día compuestos por dos platos, o un plato y postre, rondan los 5 € (bebida aparte), y que muchos restaurantes proponen un gran plato combinado para compartir entre dos comensales. Los vinos no son caros; la propina no está incluida.

C = Caro: por encima de 30 €.
M = Medio: entre 20 y 30 €.
E = Económico: por debajo de 20 €.

Fakanál (E)

Típica cocina húngara de campo en el Mercado Central y a muy buen precio.
- ✉ Vámház körút 1-3.
- ☎ 217 7860
- 🌐 www.fakanaletterem.hu

Ruben Restaurant (E)

Muy recomendable. De los mejores menús al mediodia.
- ✉ Magyar u. 12-14.
- ☎ 266 3649
- 🌐 www.rubenrestaurant.hu

PEST

Andrassy Garden (C)

Pertenece al hotel Andrássy. Cocina creativa de fusión con toques mediterráneos.
- ✉ Andrássy utca, 111.
- ☎ 462 2189
- ⏰ Comidas y cenas.
- 🌐 www.andrassygarden.com

Pipa Étterem (M)

Comida húngara elaborada con productos agrícolas frescos.
- ✉ Pipa u. 2B
- ☎ 346 3435
- 🌐 www.pipaetterem.hu

Paprika Vendéglö (M)

Entre sus especialidades se encuentran el hígado de pollo frito o el jabalí asado.
- ✉ Dózsa György u. 72
- ☎ 294 7944
- 🌐 https://paprikavendeglo.hu/

The Blue Rose Restaurant (E)

Muy recomendada su elaboración de goulash.
- ✉ Wesselényi u. 9
- ☎ 342 8981
- 🌐 www.kekrozsaetterem.hu

Regös Vendéglö (E)

Su ambiente de los años 70 le otorga una atmósfera hogareña y acogedora.
- ✉ Szofia u. 33
- ☎ 321 1921
- 🌐 https://regosvendeglo.hu/

Retro Lángos (E)

Restaurante especializado en lángos, una especie de pizza húngara con diferentes aderezos.
- ✉ Bajcsy-Zsilinszky u. 25
- ☎ 294 6571
- 🌐 https://retrolangos.hu/

Frici Papa (M)

Sirven asados recién hechos y postres caseros.
- ✉ Király u. 55
- ☎ 351 0197
- 🌐 www.fricipapa.hu

Mazel Tov (M)

Un imprescindible a probar en Budapest a precios asequibles. Hacen cocina mediterránea con fusión de Oriente Medio. Organizan eventos gastronómicos.
- ✉ Akácfa u. 47
- ☎ 626 4280
- 🌐 https://mazeltov.hu/

Twentysix Budapest (M)

Este restaurante está dentro de un jardín botánico. Ofrece talleres y eventos relacionados con la cocina y la naturaleza.
- ✉ Király u. 26
- ☎ 395 6129
- 🌐 https://twentysixbudapest.com/

Dobrumba (E)

Tienen platos que recorren toda la costa mediterránea, desde España hasta Turquía.

Muchos para elegir

Los restaurantes se suelen anunciar con el letrero *vendeglö* o *étterem,* para los locales en los que se dispone de un menú diario, además de la carta. Las *csárdas* son las antiguas ventas de camino, aunque en estos casos suele primarse la decoración y el mobiliario antiguo sobre la comida. Los *bisztros* corresponden a una categoría media, en los que se puede pedir a cualquier hora platos combinados y raciones a buen precio. Los locales llamados *pince, borharapó* y *sörözo* corresponden a bodegas, tabernas y cervecerías donde se bebe vino y pueden servir algún plato.

✉ Dob u. 5
☎ 194 0049
🌐 https://dobrumba.hu/

Forni di Napoli (M)
Comida italiana. Su especialidad son las pizzas al estilo napolitano.
✉ Szent István krt. 9
☎ 901 4466
🌐 https://fornidinapoli.hu/szent_istvan_korut/

Belli di Mamma (M)
Pizzas caseras al estilo milanés.
✉ Akácfa u. 45
☎ 951 3969
🌐 https://bellidimamma.hu

Pata Negra Pest (M)
Restaurante especializado en tapas de cocina española.
✉ Kálvin Tér 8
☎ 215 5616
🌐 www.patanegra.hu

Fuego Restaurant (M)
Especializados en carne a la parrilla. No hay que perderse sus patatas picantes.
✉ Kacinczy u. 3B
☎ 317 6965
🌐 www.fuegobp.hu

Arquitecto Pitpit (M)
Cocina española acompañada de una buena selección de cervezas y vermuts.
✉ Ötpacsirta u. 2
☎ 591 1253
🌐 www.pitpit.hu

Hungarikum Bisztró (M)
Comida húngara tradicional cuyos platos se elaboran con alimentos de temporada.
✉ Steindl Imre u. 13
☎ 661 6244
🌐 https://hungarikumbisztro.hu/

KönyvBár & Restaurant (M)
Sus platos están inspirados en libros y películas.

✉ Dob u. 45
☎ 922 7027
🌐 https://konyvbar.hu/

Byblos (M)
Especialidad en comida libanesa.
✉ Semmelweis u. 1-3
☎ 266 9212
🌐 https://byblos.hu

Babel (C) (ESTRELLA MICHELIN)
Restaurante de alta cocina centroeuropea con estrella Michelín.
✉ Piarista köz 2
☎ 600 0800
🌐 https://babel-budapest.hu

Costes (C)
Local de moda entre los que presumen de apreciar la cocina creativa de autor. En plena calle Ráday, se aleja de sus vecinos con unos platos muy elaborados, también vegetarianos, que se ofrecen en varios menús degustación que también pueden incluir una selección de caldos. Primer restaurante húngaro con una estrella Michelín.
✉ Ráday utca 4.
☎ 926 7837
🌐 www.costesrestaurant.hu

Gundel (C)
En la zona de Varosliget, tras el Museo de Bellas Artes. Desde 1984 es el restaurante húngaro con más fama en

El sabor de las sopas

Las sopas húngaras son espesas, debido a la mezcla de manteca de cerdo y harina tostada. La harina tostada es la que le da a las comidas un sabor especial, además de un alto contenido calórico, considerando los fríos inviernos que se deben pasar.

el mundo. Un clásico de la cocina húngara, con influencias francesas, que ha marcado el recetario del país. Dispone de comedores elegantes con lujo en todos los detalles, y una atractiva terraza. Los domingos con bufé libre.

- ✉ Allatkerti út 3.
- ☎ 603 2480
- 🕐 Comidas y cenas.
- 🖥 www.gundel.hu

Robinson (C)

En el mismo parque de Városliget, en una isla repleta de sauces. Se puede comer a la carta, picotear o tomar una copa. Los platos son modernos, basados en las especialidades locales como el hígado de oca, *goulash* y el cordero asado.

- ✉ Lago de Városliget.
- ☎ 422 02 22
- 🖥 www. robinsonrestaurant.hu

Café Kör (M)

Junto a la basílica de Szent István. Local moderno con posibilidad de tomar raciones, platos combinados o preparaciones de cocina internacional. Animado a cualquier hora.

- ✉ Sas utca 17.
- ☎ 311 00 53.
- 🕐 Comidas y cenas. Cierra D.

Nobu Budapest (M)

El restaurante es miembro del susodicho imperio de restaurantes de ámbito mundial y añade toques húngaros a la fusión japonesa del estilo Nobu.

- ✉ Erzsébet tér 7-8.
- ☎ 429 4680
- 🖥 www.noburestaurants. com

Arany Kaviár (M)

Lleva más de veinte años representando a la cocina tradicional rusa, y este romántico restaurante ha estado entre los mejores durante casi todo ese tiempo.

El sabor de la manteca

Los guisos húngaros tienen un sabor especial procedente de cuatro ingredientes: manteca de cerdo, páprika, tomates y cebollas. La manteca puede ser sustituida por aceite o mantequilla, pero para obtener la esencia del sabor húngaro solo es buena la manteca frita a alta temperatura y con sabor ahumado, ya que en ella es donde mejor prevalecen el sabor de la cebolla y los tomates.

- ✉ Ostrom u. 19.
- ☎ 685 6000
- 🖥 www.aranykaviar.hu

Gastro Boutiq (M)

Donde los platos, en la medida de lo posible, se preparan utilizando ingredientes locales.

- ✉ Wolfner u. 4D
- ☎ 449 4933
- 🖥 www. gastroboutiqbudapest. hu

Menza (M)

Su cocina fusiona platos de raíces húngaras con atrevidas propuestas de la gastronomía internacional. A mediodía ofrece un económico menú y está lleno. De noche, su mayor atractivo lo marcan los jóvenes más modernos y elegantes de Budapest, y la música de su café-pub.

- ✉ Liszt Ferenc tér 2.
- ☎ 145 4242
- 🖥 www.menzaetterem.hu

Pastelería Gerbeaud

Es la pastelería más famosa de Budapest y de las más selectas de Europa. Su historia se remonta a 1884, cuando el pastelero suizo Emil Gerbaud convirtió un local abierto en 1870 en un gran salón de té, según el estilo vienés del momento. Se mantiene la decoración de aquella época con tapizados en verde, alfombras rojas, lámparas de araña, mármoles y estucos Luis XIV. El resultado es un suntuoso establecimiento que recrea el ambiente de los grandes cafés europeos del siglo xix en su decoración, mientras que su oferta gastronómica incluye exquisiteces como el *pastel eszterhazy,* el *dobostorta* o las *tortitas mignon.*

- ✉ Vörösmarty tér, 4
- 🖥 www.gerbeaud.hu

Spinoza (M)

Es una interesante mezcla de café, restaurante, escenario con espectáculos en directo y sala de arte situado en la calle central del barrio judío. El servicio de restaurante ofrece una buena selección de platos húngaros y judíos modernizados. Los jueves acostumbra a estar amenizado por músicos, aunque en general el ambiente es bastante tranquilo y reposado.

- ✉ Dob utca 15.
- ☎ 413 74 88
- 🖰 www.spinoza.hu

Réteshàz (M)

- ✉ Október 6. U. 22.
- ☎ 428 0134
- 🖰 http://reteshaz.com

La primera casa de strudel de Pest, una de las delicatesen de la gastronomía húngara. El restaurante se encuentra en un edificio histórico del año 1812.

Fülemüle (E)

Detrás del Museo Nacional de Hungría, junto a la plaza Gutenberg. Casa de comidas a la antigua usanza, con pocas mesas, pero con una inagotable oferta de gastronomía húngara a precios excelentes. Especialidades: hígado de oca, fabadas con carne, bisté de cordero y carpa al estilo serbio. Ofre-

ce también platos de cocina *kosher*.

- ✉ Kőfaragó utca, 5.
- ☎ 266 78 80
- 🕑 Comidas y cenas.
- 🖰 www.fulemulecsarda.hu

Una interesante alternativa a los restaurantes son los puestos de comida callejera, como **ZING Food Truck y Finomító Kantin** y los establecimientos *take away* que hay repartidos por la ciudad de Budapest: desde las deliciosas porciones de pizza de **Mamma Sofia**, hasta la pasta casera y auténtica de **Due Spaghi** que se puede consumir en el propio establecimiento o se puede llevar a casa. Para los bocados asiáticos están: **Ramenka, Funky Pho o Bao Bao Dim Sum Bar**. Menos exótico, pero igual de sabroso, es la oferta de **Budapest Bägel** (Baross u. 4). Recuperó una auténtica receta de bagel

procedente de Israel y mejoró la fórmula.

La Street Food Karaván está situada en la calle Kazinczy. Este local reúne durante todo el año a varios vendedores con sus camiones y vehículos de transporte en un mismo solar, en una especie de festival de la comida.

También se puede probar **Meat & Sauce** (Nagymező u. 34) donde se toman muy en serio ambas opciones; se cuidan mucho todos los ingredientes, desde unos panecillos perfectos hasta las especias, pero la atención se centra, por supuesto, en la alta calidad, en las carnes cocinadas a fuego lento y sus salsas originales y llamativas.

En la dirección **Bors Gastrobar** (Kazinczy u. 10 preparan sándwiches y bocadillos extraordinarios para tomar al instante.

Cafés y despachos de café

En el año 1896, se contaban en Budapest alrededor de 600 cafés. En dicha época llegaron a aprobar una ley que establecía que un café debía contar con una superficie mínima de 150 m² y una altura de al menos 4 m, además de dos mesas de billar. Los demás establecimientos no estaban autorizados a presumir del título de "café", y tenían que conformarse con el nombre de "Despacho de café".

Crêpes Gundel

Las Gundel palacsinta son sin duda la creación repostera más lograda del afamado chef Károly Gundel. La preparación según la receta original lamentablemente se lleva a cabo en pocos lugares. En Gundel las hacen flamear sin que el relleno de nueces y la crema de chocolate pierdan el sabor del ron quemado.

❚ Alojamientos

BUDA

Park Plaza (C)

Situado en la orilla del Danubio, frente al Parlamento. Con fachada anodina, un interior donde se impone una línea de diseño moderno en tonos fríos y decoración marcadamente minimalista. Dispone de 165 habitaciones con precios notablemente superiores las que están orientadas al Danubio.

✉ Bem rakpart 16-19.
☎ 487 94 87
🌐 www.radissonhotels.com

Monastery Boutique (M)

Está situado en un edificio de 300 años de antigüedad. Cuenta con 47 habitaciones totalmente equipadas.

✉ Fö u. 30
☎ 770 8210
🌐 https://monasterybudapest.accenthotels.com

Buda Castle Fashion Hotel (C)

Pertenece a la cadena Mellow. Se sitúa en la Colina de Buda, en una elegante calle llena de palacios. Su decoración es elegante y moderna, con habitaciones muy luminosas en las que dominan los tonos blancos proporcionado un ambiente de tranquilidad.

✉ Uri 39
☎ 225 3878
🌐 www.budacastlehotel.com

Hotel Andrassy (C)

Lujoso. Ubicado en la tranquila y elegante Andrassy. La fachada moderna. Habitaciones dobles y suites. Restaurante.

✉ Andrassy utca, 111.
☎ 462 2100
🌐 www.mamaisonandrassy.com

Continental Hotel Budapest (C)

Un cuatro estrellas muy cerca de la turística calle Vaci, pero con mucho estilo.

✉ Dohani utca 42-44.
☎ 8151000
🌐 www.continentalhotelbudapest.com

Bohem Art Hotel (C)

Hotel ubicado en el centro de la ciudad. Cada una de las habitaciones cuenta con una decoración propia que le regala una atmósfera única.

✉ Molnar utca 35.
☎ 3279020
🌐 www.bohemarthotel.hu

Baltazár Boutique Hotel (C)

Además de un hotel de diseño, es un bar y un restaurante, y todo de calidad y con estilo propio.

✉ Országház utca 31.
☎ 300 7051
🌐 baltazarbudapest.com

Gellért Hotel (C)

Frente al Puente de la Libertad bajo la Colina Gellért. Lujo en un hotel-balneario construido en 1918 en estilo *Secesión* según los palacios de la época. Dispone de 89 habitaciones individuales, 132 dobles y 13 apartamentos perfectamente equipados. El precio incluye el acceso a los baños y descuentos en los tratamientos.

✉ Szent Gellért tér, 2.
☎ 889 5500
🌐 www.hotelgellert.hu-budapest.com

Hilton Budapest (C)

En Plena Colina del Castillo, construido sobre las antiguas dependencias de un monasterio. Dispone de 322 habitaciones, cuya mayor virtud son las soberbias panorámicas que ofrecen sobre Budapest. Dispone de un patio con terraza donde se celebran conciertos en verano.

✉ Hess András tér, 1.
☎ 889 6600
🌐 www.hilton.com

Novotel Budapest Danube (C)

Hotel moderno en la orilla del Danubio, entre los puentes Margarita y de las Cadenas. 175 habitaciones de las que preferentemente hay que elegir las orientadas al río.

✉ Bem Rakpart 33-34.
☎ 458 4900
🌐 www.all.accor.com

The Aquincum Hotel (C)

En la Orilla del Danubio, frente a la Isla Margarita. Dispone de 310 habitaciones con equipamiento completo, incluyendo internet de banda

ancha. Las habitaciones que están orientadas al Danubio son ligeramente más caras.
- ✉ Árpád fejedelem útja, 94.
- ☎ 436 41 00
- 🖰 www.verdihotels.com/budapest/

St. George Residence Hotel (C)

Aparthotel de lujo del distrito del Castillo, con decoración imperial, situado en las dependencias de un antiguo palacio y miembro de la red europea de hoteles históricos. Cada una de las estancias dispone de un completo equipamiento, incluido internet de alta velocidad, teléfono, mesa de trabajo, televisión LCD con 30 canales o *jacuzzi*.
- ✉ Fortuna utca 4.
- ☎ 393 57 00
- 🖰 www.stgeorgehotel.hu

Boutique Hotel Victoria (C)

Situado en la misma orilla del Danubio, en una zona tranquila. Funcional en la decoración y el equipamiento de las 27 espaciosas habitaciones, algunas de las cuales garantizan vistas al Parlamento y los puentes del Danubio.
- ✉ Bem Racpart, 11.
- ☎ 457 80 80
- 🖰 www.victoria.hu

Carlton Budapest (M)

En un callejón con escaleras, a escasos metros del funicular que sube a la Colina del Castillo y del puente de las cadenas. Renovado en 2005, tiene las mejores prestaciones en el comedor y las salas, por lo que subió de categoría. Las 95 habitaciones son limpias, aunque un poco impersonales.
- ✉ Apor Peter utca 3.
- ☎ 404 5718
- 🖰 www.carltonhotel.hu

Orion Hotel (M)

En el barrio del Tabán, a escasos metros de la Colina del Castillo y del Danubio, en una calle interior poco transitada. Ofrece 30 habitaciones limpias y confortables con baño y TV.
- ✉ Döbrentei utca, 13.
- ☎ 356 85 83
- 🖰 www.hotelorion.hu

Ábel Panzió (E)

En una colina de Buda, a espaldas del distrito universitario y de los baños Gellért, a 10 minutos de las paradas del bus y tranvía. Se trata de una villa familiar de 1913, estilo Secesión, restaurada con sus muebles originales. Con terraza y jardín.

- ✉ Ábel Jenő 9.
- ☎ 209 25 37
- 🖰 www.abelpanzio.hu

PEST

Astoria Hotel (C)

Histórico hotel estilo *secesión* situado en un céntrico cruce de calles en el centro de Pest. Las habitaciones han sido modernizadas con todas las comodidades, aunque las situadas al fondo de los pasillos están peor equipadas. En las zonas comunes destaca el salón de té neobarroco.
- ✉ Kossuth Lajos, 19.
- ☎ 889 60 00
- 🖰 www.danubiushotels.com

Vagabond Broadway (E)

Aparthotel situado en el distrito 7, en pleno barrio judío. Disponen de cocina equipada y WI-FI.
- ✉ Csányi u. 9-11
- ☎ 416 0618
- 🖰 https://vagabondhotels.com/location/broadway

Roombach Hotel Budapest Center (E)

Situado a 10 minutos de la Basílica de San Esteban. Habitaciones sencillas con baño privado e Internet.
- ✉ Rumbach Sebestyén u. 14
- ☎ 413 0253
- 🖰 https://roombach.com

T62 Hotel (M)

El diseño del hotel está inspirado en un estilo de arte urbano, lo que le da un toque moderno y chic.
- ✉ Teréz krt. 62
- ☎ 721 4560
- 🖰 https://t62budapest.accenthotels.com/en

D8 Hotel (M)

Muy cerca de la calle Váci y del Puente de las Cadenas. Dispone de Lounge Bar donde poder tomar algo al final del día.

Precios

Los rangos de precios que se indican se refieren a una habitación doble con desayuno en temporada alta.

Caros (C)
Hoteles de 5 y 4 estrellas apartir de 90/100 €

Medios (M)
Hoteles de 3 y 2 estrellas a partir de 40/50 €.

Baratos (B)
Hoteles de 1 estrella, pensiones y hostales: entre 25 y 40 €.

Habitaciones particulares: 20 € habitación doble.
Albergues: 10 € por persona.
Apartamentos a partir de 35 € la noche y por persona.

✉ Dorottya u. 8
☎ 614 0000
🖰 https://d8hotel.hu

Leo Boutique Rooms (M)
Hotel boutique con 14 habitaciones de diseño. No admite niños.
✉ Kossuth Lajos u. 2/A
☎ 630 1098
🖰 https://leoboutiquerooms.com

Mystery Hotel (M)
Como bien indica su nombre, el hotel está *rodeado de extrañas leyendas y secretos.*
✉ Podmaniczky u. 45
☎ 616 6000
🖰 https://www.mysteryhotelbudapest.com

President Hotel (C)
Ofrece 152 habitaciones a las que no falta de nada. Este lujoso hotel cuenta entre sus instalaciones con centro de spa, sauna, *jacuzzi,* piscina y gimnasio. También cuenta con dos restaurantes, uno de ellos en la azotea, en el que es posible tomar una copa y disfrutar de las vistas de la ciudad.
✉ 1054 Budapest, Hold u. 3-5.
☎ 510 3400
🖰 www.hotelpresident.hu

Anantara New York Palace (C)
Uno de los más lujosos de la ciudad. Ubicado en un edificio rehabilitado de 1894 que aloja el café New York, el más intelectual y bohemio de la capital.
✉ Erzsébet körút 9-11.
☎ 886 61 11
🖰 www.anantara.com

Budapest Marriott (C)
Todas las habitaciones ofrecen vistas al Danubio, en un marco moderno y lujoso. En la décima planta se ubica el salón de té *Bellevue,* con vistas inmejorables.
✉ Apáczai Csere János utca 4.

☎ 486 5000
🖰 www.marriott.com

Eurostars Palazzo Zichy (C)
Este palacio está ubicado en un edificio del siglo XIX, en un interior de estilo contemporáneo.
✉ Lörinc Pap Tér 2.
☎ 2354000
🖰 www.eurostarspalazzozichy.com

Corinthia Grand Hotel Royal (C)
Se trata del histórico *Gran Hotel Royal* que, después de una remodelación integral en 2004, mantiene al más alto nivel el lujo de otra época. Ofrece 414 habitaciones y 31 suites. Tiene gran variedad de servicios extras en sus zonas comunes, donde destaca el *Gran Salón de Baile* (Nagy Bálterem).
✉ Erzsébet körút, 43-49.
☎ 479 40 00
🖰 www.corinthia.com

K+K Opera (C)
Junto a la Opera Nacional, en una calle tranquila. 205 habitaciones en un establecimiento moderno, luminoso y elegante.
✉ Révay utca, 24.
☎ 269 02 22
🖰 www.kkhotels.com

Four Seasons Hotel Gresham Palace (C)
Frente al Puente de las Cadenas, en uno de los más bellos edificios estilo *Secesión.* Solo la contemplación del vestíbulo da una idea del lujo y refinamiento del local. Con 179 habitaciones donde no se escatima ningún detalle.
✉ Széchenyi István tér 5-6.
☎ 268 60 00
🖰 www.fourseasons.com

Hotel Nemzeti Budapest MGallery
Otro histórico hotel decimonónico, cuya fachada *Art Nouveau* anuncia la suntuosidad del conjunto de sus instalaciones. Las habitaciones han sido modernizadas con todos los equipamientos necesarios. Es aconsejable pedir alguno de los cuartos que dan a los patios *Art Nouveau.*

Encontrar habitación

La categoría de los hoteles se establece de acuerdo a su número de estrellas (de 5 a 1). La denominación Panzió es equivalente a pensión u hostal, aunque en casos pueden ser mejores y más caros que los hoteles de dos y tres estrellas. En los últimos años, ha aumentado la oferta de apartamentos para estancias de más de 3 noches, de casas particulares (Fizeto Vendégszoba) y de habitaciones en domicilios particulares (Szoba Kiadó).

Albergues

Budapest cuenta con una amplia red de albergues, donde es posible encontrar alojamiento a precios muy asequibles. En la mayoría no es necesario disponer del carné internacional de alberguista, ya que se trata de establecimientos privados. No abundan los que disponen de habitaciones individuales o dobles, pero es fácil encontrar cuartos de 3 o 4 camas para pequeños grupos.

✉ József körút 4.
☎ 477 4500
🖥 www.all.accor.com

NH Budapest (C)

Situado en las proximidades del puente Margarita, en una calle tranquila, cercana a zonas con mucho ambiente. Ofrece la decoración de los establecimientos de esta cadena con un servicio atento y eficaz.
✉ Vigszinhaz utca, 3.
☎ 814 00 00
🖥 www.nh-hoteles.com

Novotel Budapest Centrum (C)

Ampliación moderna del histórico Hotel Palace, situado en la esquina de las calles Nagykörút y Rákóczi. Dispone de 227 habitaciones amplias con un completo equipamiento. Aparcamiento, bar, restaurante y sauna.
✉ Rakoczi ut 43.
☎ 477 53 00
🖥 www.all.accor.com

Radisson Béke Hotel (C)

Tras arduas rehabilitaciones, el antiguo *Hotel Brittania*, construido en 1914, ofrece un suntuoso interior con vidrieras y murales en estilo *Secesión*. Habitaciones elegantes y cómodas, con equipamiento moderno.
✉ Teréz körút 43.
☎ 889 39 00
🖥 www.radissonhotels.com

Sofitel Budapest Chain Bridge (C)

En el arranque del paseo Dunacorzo, con vistas al Puente de las Cadenas y el Palacio Real. Edificio moderno con lujo al máximo en habitaciones, salones y restaurante.
✉ Széchenyi István tér 2.
☎ 235 1234
🖥 www.all.accor.com

Ensana Grand Margaret Island Health Spa Hotel (C)

En isla Margarita. Conectado con las excelentes instalaciones de su muy completo spa.
✉ Isla Margarita.
☎ 8894700
🖥 www.ensanahotels.com

Mercure Korona Budapest (M)

✉ Kecskemeti utca 14
☎ 486 8800
🖥 www.all.accor.com
Este hotel se encuentra muy cerca del Mercado y el Danubio. Ofrece diferentes tipos de habitaciones, todas ellas muy bien equipadas. Perfectamente conectado con el aeropuerto.

Benczúr (M)

Situado próximo a la calle Andrássy, en una zona residencial de casas bajas. El hotel dispone de 96 habitaciones sencillas, limpias y luminosas.
✉ Benczúr utca 35.
☎ 479 5650
🖥 www.hotelbenczur.hu

Ertzébet City Center (M)

Muy céntrico, próximo al Café Central. Habitaciones grandes y con equipamiento aceptable. Dispone de un restaurante gastronómico con fama en la ciudad.
✉ Károly Mihaly utca, 11.
☎ 889 3700
🖥 www.danubiushotels.com

Ibis Budapest City (M)

En el extremo del barrio judío, muy próximo a Blaha Lujza tér. Tras ser adquirido por la cadena hotelera, mantiene valores como su buena situación y la amplitud de las habitaciones y ha ganado una estrella con mejoras en las habitaciones y los baños.
✉ Akácfa utca 1.
☎ 478 30 50
🖥 www.all.accor.com

Ibis Centrum (M)

Hotel moderno de la conocida cadena internacional, situado junto a la Kálvin tér y los principales locales de ocio del barrio universitario. Confortable, con habitaciones funcionales y espaciosas.
✉ Ráday utca, 6.
☎ 456 4100
🖥 www.all.accor.com

Centrales de Reserva

Nethotels Hungary. Central de reservas por internet, que proporciona información y efectúa reserva de alojamiento (www.nethotels.com).
Traveller's Youth Hostels. Dispone de varios albergues en Budapest y en principales lugares turísticos de Hungría (www.hihostels.com/destinations/0013/hostelsl).

Otra alternativa es alquilar un apartamento a través de las diferentes páginas webs que hay disponibles en la red: **AirBnB** (es.airbnb.com) y **House Trip** (www.housetrip.com).

Normafa (M)

Establecimiento de tamaño medio, situado en una tranquila calle próxima a Andrássy. Tiene 69 habitaciones básicas en cuanto a decoración y complementos. Tiene servicios añadidos como sauna, piscina, bolera y salón de masaje.

✉ Eötvös utca, 52.

☎ 908 0601

🏠 www.normafahotel.hu

La Prima Fashion (M)

Hotel tanto para personas en viaje de trabajo como turistas. Moderno y perfectamente equipado. Habitaciones con instalaciones para personas con discapacidad física.

✉ Pesti Barnabas utca, 6.

☎ 79 900 88

🏠 www.mellowmoodhotels.com

Opera Garden (M)

Ubicado en una calle peatonal, en el casco antiguo de la ciudad. Ofrece un servicio de transfer desde y hacia el aeropuerto.

✉ Hajós u, 24.

☎ 3019030

🏠 www.operagardenhotel.hu

Medos (E)

Hostal próximo a Liszt Ferenc tér. Habitaciones de dimensiones muy reducidas, austeras en equipamiento y sencillas en cuanto a decoración. Ofrece habitaciones dobles y triples.

✉ Jókai tér 9.

☎ 374 30 00

🏠 www.medoshotel.hu

Maverick City Lodge Budapest (E)

Este céntrico hostal propone un alojamiento de lujo barato en una suntuosa mansión de la dinastía de los Habsburgo. Posee hermosas habitaciones dobles con baño privado y coquetas habitaciones compartidas con televisión.

Hoteles de 4 y 5 estrellas

Prácticamente la totalidad de la grandes cadenas de hoteles de lujo han habilitado algún establecimiento en Budapest en los últimos años. El precio lógicamente es proporcional al de cualquier país europeo, pero conviene solicitar información y buscar ofertas de fin de semana o temporada baja.

✉ Kazinczy u. 24.

☎ 793 1605

🏠 www.mavericklodges.com

Lavender Circus Hostel (E)

Al contrario de lo que ocurre en muchos de los albergues ubicados en los famosos *Bares Ruina* conocidos por su continuo ambiente de fiesta y su falta de limpieza, en este curioso circo todo funciona perfectamente, casi todas las habitaciones son dobles, el aspecto es impecable y el ambiente muy agradable.

✉ 37 Museum Krt.

☎ 417 7763

🏠 www.lavendercircus.com

Beatrix Panzió (E)

Pensión que cuenta con apenas 15 habitaciones situada en un barrio tranquilo próximo a las colinas de Buda. Habitaciones con baño y televisión y agradable jardín veraniego.

✉ Széher utca, 3.

☎ 275 05 50

🏠 www.beatrixhotel.hu

Cosmo City Hotel (E)

Hotel moderno, con gusto por el diseño. Tiene 36 habitaciones bien equipadas y cómodas.

✉ Váci utca 77.

☎ 776 2201

🏠 www.mellowmoodhotels.com

Temporada alta y extra

En temporada alta se hace necesaria la reserva con antelación, al igual que durante la celebración de acontecimientos culturales o deportivos especiales, como los conciertos de la isla Szigliet. La celebración del Hungaroring (Fórmula 1) se considera temporada extra.

▍Compras

ANTIGÜEDADES Y ARTE

Koller Gallery
Galería de arte fundada en los años 50, situada cerca del Castillo de Buda.
- ✉ Tancsics Mihaly u. 5
- ☎ 356 9208
- ⬡ https://www.kollergaleria.hu/

Budai Zsibvásár
Mercado de fin de semana ideal para los "buscadores de tesoros".
- ✉ Budaörs u. 172-178
- ☎ 555 0597

Mercadillo de Ecseri
Una experiencia inigualable con las antigüedades. Es un tesoro oculto de antigüedades y artículos de colección de cada época, de botellas de refrescos al ropero de la abuela.
- ✉ Nagykörösi út 156.

Bardoni
Especializada en muebles, artes aplicadas y objetos decorativos de la primera mitad del siglo xx, todo exclusivo.
- ✉ Falk Miksa 12.
- ☎ 269 00 90.

Báv (Bizományi Áruház Vállalat)
Establecimientos de una casa de empeño especializada en joyas, jarrones, broches con diseño *art nouveau* y objetos de porcelana.
- ✉ Bécsi utca 1-3 y Szent István Körút 3.
- ☎ 317 25 48.

Csók István Gallery
Galería de arte especializada en pintura y fotografía de autores húngaros actuales.
- ✉ Váci utca 25.
- ☎ 318 5826.

Európa Galéria
Uno de los muchos negocios que tienen asiento en esta calle próxima al Parlamento, especializada en antigüedades y galerías de arte.
- ✉ Falk Miksa utca 18.

Galléria Kieselbach
Galería de arte moderno muy selecta y cara, en la que en ocasiones realizan subastas.
- ✉ Szent István körút 5.
- ☎ 269 31 48.

Kárpáti és Szönyi
Tienda de libros antiguos, donde se pueden encontrar algunos grabados de paisajes españoles.
- ✉ Szent István Körút 1.

Kárpáti és Fia Antikvárium
Buenos mapas antiguos y muchos grabados, algunos de paisajes españoles.
- ✉ Museum körút 29.

Központi
Libros y grabados de segunda mano en la librería de lance más antigua de Budapest.
- ✉ Museum korut 13,
- ☎ 317 35 14.

Magma
Diseños modernos de mobiliario y objetos de uso cotidiano.
- ✉ Petófi Sándor utca 11.
- ☎ 235 02 77

Gyüjtök Boltja
Antigüedades más ligeras y menos "artísticas", donde hay desde carteles de anuncios hasta instrumentos musicales, con muchas reliquias de la época comunista.
- ✉ Klauzal utca, 1 y Szentendrei utca, 95

Pinter Antik
Cuadros, muebles, jarrones y cerámica. Certificados de antigüedad.
- ✉ Falk Miksa utca, 10.
- ☎ 311 30 30.

Pless & Fox
Joyería especializada en orfebrería, relojería y cristalería con diseños Secesión.
- ✉ Szent István körút 18.
- ☎ 340 43 33.

LIBROS

Llévate a casa grandes obras de la literatura húngara traducidas adquiriéndolas en las librerías **Libri, Írók Boltja, Lattitudes, Bestsellers y Massolit Books & Café**.

Libri Könyvpalota
Como su nombre indica, es un auténtico palacio del libro, con un interesante apartado de libros en húngaro e inglés.
- ✉ Rákóczi utca 12.
- ⬡ www.libri.hu

Bestsellers
Librería con novedades en húngaro y muchos libros en inglés, francés y alemán, con una buena selección de títulos sobre Hungría.
- ✉ Október 6 utca 11.
- ⬡ bestsellers.hu

Fokusz
Una de las mayores cadenas de librerías del país, junto con *Libri*. La de Budapest ocupa dos plantas en la calle de las librerías.
- ✉ Rákóczi út 14-16.
- ☎ 411 24 00

Központi Antikvárium
Se pueden encontrar libros antiguos y para coleccionistas en la librería de lance con más solera de Budapest. Buenos grabados y mapas.
- ✉ Múzeum körút 13-15.
- ⬡ www.kozpontiantikvarium.hu

MODA

Es todo un placer pasear cerca de **Fashion Street**, dos bloques de tiendas minoristas de lujo.

Naray Tamás
Es la tienda oficial del diseñador más famoso de Hungría. Ropa y complementos para la mujer.
- ✉ Andrassy út 97.

Artista
Modelos exclusivos, con materiales importados de calidad, para vestir a diario.
- ✉ Puskin utca 19.
- ☏ 546 1616

Fidji Couture
Ropa y accesorios con diseños originales.
- ✉ Szent István krt. 2.
- ☏ 318 25 65.

Vass
Maestros artesanos zapateros, donde los multimillonarios encargan sus zapatos hechos a medida. Después de encargarlos, hay que volver a la tienda el mes siguiente a buscarlos.
- ✉ Haris Köz 2.
- 🖳 www.vass-shoes.com

ARTESANÍA

En las **plazas de Vörösmarty y de Szent István** hay notables tesoros artesanales: jabones hechos a mano, velas elaboradas con cera de abejas, hombrecitos de pan de jengibre, juguetes de madera, tazas de cerámica, guantes de piel de oveja, adornos para el árbol de Navidad hechos con mimbre y frutas seca.

Ajka Crystal
Aquí se pueden encontrar copas y cristalería diversa tallada a mano en diseños de estilo clásico. Tienen una tienda más barata en Teréz körut 50.
- ✉ Kossuth Lajos út 10.

Herend
Tiendas oficiales de la firma de porcelana. Piezas muy finas y caras.
- ✉ József nádor tér 11.
- ☏ 241 5736

Judaica Galéria
Objetos y artesanía relacionados con la cultura judía.
- ✉ Wesselényi utca 13.
- ☏ 545 5408

Kézmüvesbolt
Una tienda con una buena selección de cerámica popular y creativa, marionetas y otras piezas de artesanía.
- ✉ Bajcsy-Zsilinszky út 19A.
- ☏ 299 0103

Népmüvészeti Bolt
Una de las mejores tiendas de artesanía húngara, muy surtida en telas, manteles, bordados, cerámica y madera.
- ✉ Regi Posta utca 12.

Zsolnay
Tiendas oficiales de productos de la afamada marca de porcelanas vidriadas. Piezas con certificado de garantía.
- ✉ Kálvin tér 1.
- ☏ 318 26 43

MÚSICA

Concerto Records
En pleno barrio judío. Vinilos y algunos cd's de música clásica. El mejor establecimiento para encontrar rarezas en ese tipo de música. Es minúsculo, pero las chicas que lo llevan entienden de lo que se traen entre manos.
- ✉ Dob utca 33.
- ☏ 331 28 37.

Kodály Zoltán
Discos de segunda mano y nuevos frente al Museo Nacional.
- ✉ Múzeum körút 21

Liszt Ferenc Zenemübolt
El mejor establecimiento para localizar discos de música clásica producidos en Hungría, con precios por debajo de los grandes sellos internacionales.
- ✉ Andrássy út 45.

Rózsavölgyi és Társa
En calle paralela a Váci utca. Excelente tienda de discos de música clásica, junto a partituras y libros sobre la materia.
- ✉ Szervita tér, 5.
- ☏ 318 35 00

Zonas comerciales

La zona más comercial de Budapest está en el centro de Pest, en Váci utca y calles adyacentes, y en la avenida Andrássy, donde se ubican las tiendas de marcas internacionales. Se obtienen buenos precios en Kossuth Lajos út y en el bulevar exterior de Pest. El Mercado Central es idóneo para adquirir productos alimenticios, vino y licores y algunos tipos de artesanía.

Qué comprar

En artesanía, los bordados artesanales de Kalocsa o Matyó, los encajes de Halasm, la cerámica de Miska o de Náduvar y la porcelana de calidad de Zsolnay o Herend. Entre los productos alimenticios, son obligados el salchichón picante o salami, paté de hígado de oca, páprika, bombones, mazapanes, vino Tokaj, aguardiente de albaricoque (barakpálinka) o el licor de hierbas Unicum, que se comercializa en botellas negras con una cruz roja.

Otros productos de interés son las cremas cosméticas elaboradas en los centros termales, libros y mapas antiguos, monedas y todo tipo de antigüedades.

Wave Music
Buena selección de pop y rock húngaro.
✉ Kevay kor, 2.

PRODUCTOS GASTRONÓMICOS

Budapest Bortársaság
Cuidado local donde se puede encontrar una buena selección de las mejores bodegas húngaras.
✉ Batthyány utca 59.
🖥 www.bortarsasag.hu

Frölich Cukraszda
Es una pastelería *kosher* que está situada en pleno barrio judío.
✉ Dob ut, 22.

In vino veritas
Es una vinoteca que prepara caldos húngaros especiales. Ideal para sibaritas. Buenos precios, e informan de lo que venden.
✉ Szőlőkert köz 2.
🖥 www.borkereskedes.hu

Prés Ház
Buena selección de vinos, con más de 400 marcas, en una antigua cava con personal muy entendido, aunque sus precios son un tanto elevados.
✉ Váci utca 10.

Szamos
Cadena de cafés en los que se despachan mazapanes y chocolates caseros de una empresa familiar que defiende la marca.
✉ Párizsi utca 1.
☎ 317 36 43.
🖥 www.szamos.hu

Wine City
Licores y aguardientes autóctonos con vinos de las mejores añadas de las bodegas húngaras. Conviene asesorarse.
✉ Párizsi utca 1, Erzsébet körút 43-49

MERCADOS Y MERCADILLOS

Asia Center Budapest
Sorprende por sus dimensiones (125.000 m²). Dispone de dos grandes pabellones que acogen más de 500 tiendas, con productos diversos procedentes de 12 países de Asia.
✉ Szentmihályi út 167-169.
🕐 L-D, 10 h-19 h.

Ecseri Bolhapiac (Mercado de las Pulgas)
Muy alejado del centro, por lo que es necesario hacer varios trasbordos de autobuses. Los números 54 y 54 Express tienen parada en una autopista frente al mercado. Se trata del mejor rastro de Budapest, con posibilidad de encontrar todo tipo de trastos y antigüedades baratas.
✉ Nagykőrösi út 156.
🕐 L-V, 8 h-16 h; S, 8 h-15 h; D, 8 h-13 h.

Mercado Central
Es el más antiguo e imponente de todos los mercados de alimentos de la ciudad. Una catedral espaciosa de acero para los productos frescos. Aunque el edificio neogótico es uno de los principales atractivos turísticos de Budapest, hoy en día sigue funcionando como un mercado muy activo.
✉ Vámház krt. 3.

Mercado Belvárosi
Cerca del Parlamento, ha sido restaurado recientemente.
✉ Hold u. 13.

Mercado
Hunyadi Tér
Puestos donde se venden productos locales los sábados. Hay que probar el *lángos*, la comida callejera húngara original.
✉ Hunyadi tér.

Mercado
de Ökopiac
Constituye uno de los mayores mercados de alimentos orgánicos de toda Europa Central. Hay que viajar hasta Buda para visitarlo, pero también hay otros muchos mercados agrícolas más pequeños que se organizan de forma habitual en el centro urbano de Pest.

Szimpla Sunday
Farmers Market
Mercadillo de agricultores locales. Se celebra los domingos por la mañana y se puede tomar algo.
✉ Kazinczy u. 14
☎ 519 0581

Horarios
El horario comercial de lunes a viernes es de 9 h a 18 h, y los sábados por la mañana. Las tiendas para turistas prolongan la jornada hasta las 21 h en muchos casos y también los domingos.

Tarjetas
de crédito
Aunque en Budapest se aceptan la mayoría de las tarjetas de crédito, no hay que darlo siempre por seguro. Conviene llevar en todo momento suficiente dinero en efectivo.

Regateo
Salvo en puestos callejeros y en el mercadillo de Ecseri, y probablemente con poco éxito en cuanto a resultados, la costumbre del regateo está poco extendida en Hungría.

▌Divertirse

La capital húngara cuenta con bares y discotecas diseminadas por toda la ciudad, lo que hace casi imposible aburrirse. En el centro de Pest hay varias zonas de marcha: Ráday, Ferenc Lizst y el barrio judío. En cada una de ellas se pueden encontrar terrazas, restaurantes y locales los cuales avanza la noche se transforman en pistas de baile abiertas hasta bien temprano.

CAFÉS

Angelika
Junto a la iglesia barroca de Santa Ana. Café moderno de decoración preciosista, con varios ambientes y un restaurante informal de platos internacionales. En verano saca todo el provecho de la terraza que –aunque ruidosa por el tráfico– es punto de encuentro de la gente más moderna.
✉ Batthyány tér 7.

Astoria
El salón de té del Hotel Astoria posee una autenticidad y un gran encanto literario. El hotel es uno de lo más elegantes de la ciudad.
✉ Kossuth Lajos utca 19.

Central
Es otro de los cafés clásicos de Budapest que no ha perdido un ápice de su solera. Siempre abarrotado, ofrece una breve carta de pasteles y platos de cocina.
✉ Kàroly Mihály utca 9.
🕿 www.centralgrandcafe. hu

Gerbeaud

Singular local abierto en 1858, que sigue siendo el más famoso de Budapest por sus salones de ambiente decadente y los pasteles de chocolate.
✉ Vörösmary tér 7.
🕿 www.gerbeaud.hu

Müvesz
Es uno de los primeros grandes cafés europeos, con arañas y suelos de madera, y en cuya decoración se fusionan todos los elementos del *art nouveau*.
✉ Andrássy út, 24
🕿 www.muveszkavehaz. com

New York Café
Fue conocido como "el palacio del periodismo", ya que en sus salones se celebraban apasionadas tertulias. Tras una rehabilitación integral, reabrió hace más de una década con el mismo lujo y elegancia, aunque con menos solera. Su visita es obligada.
✉ Erzsébet Körut 9-11.
🕿 www.newyorkcafe.hu

Ruszwurm
En la colina del Castillo, con decoración imperial y excelentes tartas con un *strudel* considerado el mejor de Hungría. Su único defecto radica en sus reducidas dimensiones.
✉ Szentháromság utca 12-14.
🕿 www.ruszwurm.hu

"BARES DE RUINAS"

En los viejos edificios con patios del barrio judío han proliferado los denominados "bares de ruinas". Haciendo de la necesidad una virtud se han aprovechado esas construcciones abandonadas y se han convertido en lugares de ocio en los que se bebe y se baila.
🕿 http://ruinpubs.com/

Szimpla kert
Es el "bar de ruinas" por excelencia, en el Barrio Judío. Conjunto de edificios abandonados con patios, aunque todo está retocado con una decoración sorprendente: *Trabant*-mesas en los patios, murales *underground*, muñecos y muebles viejos, señales de tráfico, luces de colores y velas, proyecciones de vídeos y una gran pantalla de cine.
✉ Kazinczy utca 14.
📞 www.szimpla.hu

Instant-Fogas Complex
Este bar se concentra sobre todo en el arte. El interior es una loca decoración a base de objetos raros, pero el bar es una galería de arte también con exhibiciones y cine artístico. Es una comunidad cultural.
✉ Akácfa utca, 51.
📞 www.instant-fogas.com

Hay muchos más, como por ejemplo: **Púder, Grandio, Dürer Kert, Spíler,** etc. Consultar en el www.funzine.hu para las últimas novedades en este campo. Durante el verano, muchos de los patios traseros en Pest se transfor-

man en clubs al aire libre sobre todo en el distrito 7. Las direcciones varían, pero en los últimos veranos el **West-Balkan** (Kisfauldy 36) ha sido el más de moda.

CLUBES

Ötkert
Es un club de baile, un bar y un espacio para exposiciones, todo en uno.
✉ Zrínyi u. 4.
📞 www.otkert.hu

Angyal
El club gay más famoso de Budapest. Ambiente mixto, excepto los sábados, cuando solo son admitidos hombres.
✉ Kazinczy utca 2.
☎ 351 64 90

E-Klub
Durante años, la referencia obligada en *tecno, acid* y *house*. Con el tiempo se ha hecho más ecléctico y ahora incluye una pista de baile con música retro. Concurrido.
✉ Nepligeti út, 2.

Fészek Club
Club animado y lleno de gente buscando la última copa. Si el portero es tan amable de

dejarle pasar, verá un bar en el sótano, reminiscencia de un antiguo burdel, con compartimientos acolchados y un pequeño escenario.
✉ Kertész utca 36,
📞 www.feszek-muveszklub.hu

Café del Río
Macrodiscoteca al aire libre con restaurante, bar de copas y pistas de baile, copas a precio reducido hasta las 23 h. Al lado del Petöfi híd en Buda.
✉ Vízpart utca 1.

Akvárium Club
Un centro de arte, entretenimiento y ocio nocturno.
✉ Erzsébet tér 12.
📞 akvariumklub.hu

SALAS DE JAZZ

Budapest Jazz Club
✉ Hollán Ernö u. 7.
📞 www.bjc.hu

Columbus Jazzklub
Barco restaurante con actuaciones en directo los fines de semana. Jazz y salsa.
✉ Vigadó tér, 4.
📞 www.columbuspub.hu

Old Man's Music Pub
Pioneros en programar blues en la ciudad. Local animado.
✉ Akácfa utca13.
📞 www.oldmans.hu

ESCAPE ROOM

PEST

Locked Room Budapest
✉ Székely Mihály u. 4
☎ 204 2030
📞 www.locked.hu

Aroom Budapest
✉ Király u. 14
☎ 200 3473
📞 www.locked.hu

Mystique Room
✉ Szent István krt. 9
☎ 786 7394
📞 www.mystiqueroom.hu

Propinas

El servicio no viene incluido en la cuenta por lo que se deja una propina no superior al 10 por ciento del coste final. No está bien visto dejar la propina sobre la mesa, la costumbre es que la añadan a la cuenta en el momento de pagar.

MUSEOS

PEST

Trash Art Museum

Museo de esculturas realizadas recuperando para ello piezas de coches usados y abandonados.
- ✉ Dohány u. 30
- ☎ 622 9453
- 🔗 https://trashartmuseum. hu/

Museum of Sweets and Selfies Nº 1 y Nº 2

En el n.º 1, 400 m² que albergan 11 salas diseñadas para dar rienda suelta a la creatividad con una cámara en mano. Y si te sabe a poco, siempre puedes visitar el museo n.º 2.
- ✉ Paulay Ede u. 43 // Rákóczi u. 40
- ☎ 151 8087
- 🔗 https://szelfimuzeum. hu/en/mainpage/

▎Ir con los niños

Aquaworld
Uno de los mayores parques acuáticos de Europa. El moderno complejo, instalado bajo una inmensa cúpula de cristal dispone de quince piscinas al aire libre y cubiertas para el ocio, once toboganes, jacuzzis, saunas piscinas de olas. El diseño está inspirado en el templo de Angkor Wat; las palmeras y los puentes colgantes completan el ambiente tropical.
- ✉ Íves út 16
- 🔗 www.aquaworldresort. hu

Millenaris
Perfecto para adolescentes, este inmenso complejo con pasado industrial funciona como un museo interactivo de la Ciencia.
- ✉ Kis Rókus u. 16-20
- 🔗 http://www.millenaris.hu

Zoo de Budapest
- 🔗 www.zoobudapest.com

Planetario
- ✉ Nádorliget utca.
- 🔗 www.utazoplanetarium.com

Teatro de Marionetas
- ✉ Andrassy

Venta de entradas

La compra anticipada de entradas para ópera, ballet, teatro, conciertos o eventos deportivos se puede llevar a cabo en **Cultur-Comfort** Központi Jegyiroda (Cultur-Comfort Ticket Office) (Paulay Ede u. 31. Telf. 322 0000. www.jegymester.hu), abierto de lunes a viernes. Para conciertos de música clásica, jazz y rock está especializado **Concert & Media** (Ulloi út 11-13. Telf. 455 9000. www.jegymester.hu) también para todo tipo de entradas se dispone de Ticket Express (Jókai u. 40. Telf. 353 0692. www.eventim.hu), que permanece abierto de lunes a sábado de 10 h a 19 h.

Cómo usar

La información sobre eventos y acontecimientos culturales en lengua no húngara se puede conseguir en las publicaciones gratuitas: *Guía Oficial Budapest* y *Panorama*, boletín mensual de cultura y servicios turísticos. Es interesante, en cuanto a exposiciones temporales y espectáculos, *The Cultural Guide to Budapest*. Las propuestas culturales y comerciales también están presentes en *Budapest Funzine* y en *Time Out Budapest*. En húngaro, existen *Pesti Est* y en *Fidelio Est*, presentes en oficinas de turismo, hoteles, museos y cafés.

∎ Ferias y festivales

Enero
1 de enero. Festividad de Año Nuevo. Se celebra una gala en la Ópera.
Mediados: Festival Internacional de Circo en Budapest.

Marzo
Festival de Primavera de Budapest: conciertos de primera categoría, ópera, ballet, teatro y funciones folclóricas y también cursos de maestros y exposiciones, en distintos lugares de la ciudad.
15 de marzo. Aniversario del inicio de la Revolución y Guerra de Independencia de 1848-1849. Es el día del nacimiento de la Hungría parlamentaria moderna.
Domingo de Resurrección y Lunes de Pascua. Festivos. Festividades variables según calendario.
Marzo/abril: *Festival de Pascua en Hollókő* al aire libre y bendición de alimentos.
Libro de las uvas por venir, un festival tradicional para predecir la esperada cosecha de uvas, *Kőszeg.*

Abril
1 de abril-31 de octubre. Fiesta de los Siete Mundos en el barrio del Castillo de Buda, con una serie de espectáculos que presentan en siete etapas la cultura y el arte de los húngaros.

Mayo
1 de Mayo. Festivo. Fiesta del Trabajo.
Festival Musical de Primavera.
Festival de Balatón en Keszthely, que se inicia con la ofrenda de una guirnalda de flores en el lago Balatón, el "Mar de Hungría".
Festival de Dixieland en Salgótarján.

Junio
Festival Mundial de Música.
Földvár Festival (Balatonföl-

dvár) que incluye carreras, fuegos artificiales y conjuntos artísticos locales.
Sopron: espectáculos de música y ballet para empezar el festival de verano.
Budapest: Festival del Puente, con carnaval acuático y fuegos artificiales, a fines de mes.

Julio
Festival de verano en Isla Margarita, en Budapest. Música, danza y ópera.
Crucero Internacional del Danubio: Hungría y el mundo entero recorren el Danubio en todo tipo de embarcaciones.
Juegos Medievales en el Palacio de Visegrád, justas y torneos.
Festival Folk Internacional, Siófok.
Encuentros de Arte Popular de Balatón, con grupos de danza húngaros y también internacionales.
Travesía a nado (5 km) del lago Balatón.

Agosto
20 de agosto. Festivo. Día de San Esteban. Fiesta Nacional.
Festival Sziget: una especie de "Woodstock" húngaro que se celebra durante una semana en la Isla de Óbuda, en el Danubio.
Gran Premio de Hungría de Fórmula 1: normalmente tie-

ne lugar el segundo domingo del mes en el Circuito de Hungaroring, a 20 km de Budapest.
Festival de Verano de Ópera BudaFest y Festival de Ballet, que se celebra en el Teatro Nacional.
Día de San Esteban: hay festejos por todo el país con procesiones y fuegos artificiales.
Budapest Páradé: versión reducida del multitudinario evento celebrado en Berlín a finales de mes.

Septiembre
Festival Judío de Verano.
Festival Internacional del Vino de Budapest.

Octubre
23 de octubre. Festivo. Aniversario del inicio de la Revolución y Guerra de Independencia de 1956 y de la proclamación de la República de Hungría en el año 1989.
Festival de Otoño de Budapest: conciertos, teatro, ballet, cine y exposiciones (finales de septiembre).

Diciembre
25 de Diciembre. Festivo. Festividad de Navidad.
31 de diciembre. Festivo. Baile de Noche Vieja en la Opera de Budapest.
Mercados navideños en distintos barrios de la ciudad.

Información práctica

Direcciones útiles

Embajada de Hungría en Madrid
- Fortuny, 6, 4º.
  28010 Madrid.
- 91 413 70 11
  y 91 413 41 37.
- https://madrid.mfa.gov.hu

Consulado General en Barcelona
- Avda. Diagonal 477, piso 19B.
- 93 405 19 50.
- www.mfa.gov.hu/cons/barcelona

Embajada de España en Budapest
- Eötvös utca 11/B.
  Budapest VI 1067.
- 202 4006, 202 4015
- www.exteriores.gob.es

Agencia de Turismo de Hungría en España
- www.budapestinfo.hu

Compañía bajo coste
- www.wizzair.com
- www.ryanair.com
- www.iberia.com

Información sobre devolución del IVA
Global Refund Magyarország.
- (00-361) 46829 65.

ANTES DE PARTIR

Requisitos
- Carné de identidad.
- Si va a conducir:
    Carné de conducir.
    Permiso de circulación.
    Seguro obligatorio.
    Indicativo del país en el vehículo.

Cuándo ir
La climatología más favorable se sitúa entre mayo y septiembre. La temperatura media anual es de 11 ºC, el mes más frío es enero (-1 ºC de media) y agosto el más caluroso (21 ºC). Primavera y otoño son las estaciones más aconsejables, a pesar de las frecuentes lluvias. En verano el calor puede resultar sofocante, mientras que en invierno la ciudad queda medio paralizada por las nevadas y se restringen notablemente las actividades.

TRÁMITES DE ENTRADA

Llegada
Desde Madrid y Barcelona, principalmente, se puede volar a Budapest con las siguientes aerolíneas: *Iberia* (www.iberia.com), *Vueling* (www.vueling.com) y la compañía de bajo coste *Wizzair* (www.wizzair.com) o *Ryanair* (www.ryanair.com).
El **aeropuerto Ferenc Liszt** dispone de dos terminales: la 1 (a 16 km del centro, para vuelos de bajo coste), y la 2 (a 20 km del centro y ampliado en 2010 para vuelos de países inscritos en el Tratado de Schengen –entre ellos España-) y 2B, junto a la anterior.
Para trasladarse al centro de la ciudad se puede tomar el **Airportshuttle**. Los billetes se compran en los mostradores LRI Airport Passanger Service y en la terminal de llegadas.

Otra alternativa es el **autobús** urbano 93 que de la terminal 1 se dirige a la estación de Köbánya-Kispest (www.bud.hu). Desde la terminal 1 y 2 hay que tomar el autobús urbano 200E, que se dirige a la estación de tren de Köbánya-Kispest (conocida como "Köki"). Del mismo modo se puede ir desde el aeropuerto al centro en tren, con destino final la estación Nyugati. Un **taxi** desde el aeropuerto cuesta unos 20 €. Los vehículos que llevan el letrero *Zóna Taxi* (telf. 365 55 55) trasladan al pasajero por un precio fijo.

I Consigna y equipajes

Hay servicio de consigna en la terminal 2B del aeropuerto y en las principales estaciones de tren y autobús. El horario de apertura al público en las terminales de autobús Erzsébet tér y Népstadión es de 6 h a 19 h. En las estaciones de ferrocarril de Keleti y Nyugati el servicio es de 5 h a 24 h. Las consignas de la estación de Deli y del aeropuerto están abiertas las 24 horas.

I Moneda

Hungría es miembro de la Unión Europea desde 2004. En el momento de redactar esta guía Hungría aún no ha adoptado el euro. La unidad monetaria húngara es el **forinto** (su abreviatura internacional es *HUF* y la nacional *ft),* cuya paridad con respecto al euro se ha ajustado a la baja en los últimos años. El cambio en 2018 fluctuó en una franja comprendida entre los 300 y 318 *Ft.* por 1 €. En Budapest es posible pagar en euros en hoteles y en muchos comercios y restaurantes, pero sale mejor hacerlo en la moneda local.

DURANTE LA ESTANCIA EN EL PAÍS

I Oficinas de Turismo

La **Agencia Nacional Húngara de Turismo** *(Tourinform)* facilita todo tipo de información sobre transporte, alojamiento, atracciones, servicios, eventos y espectáculos con horarios y precios. Ellos no hacen reservas directamente, aunque sí ofrece direcciones de plazas hoteleras libres. Atienden en húngaro, alemán e inglés.

Existe una línea telefónica llamada **Tourinform Hotline** que orienta y facilita información en húngaro, inglés y alemán llamando al telf. 06 80 630 800 desde Hungría y al telf. 36 30 30 30 600 desde el exterior. También en www.visithungary.com.

Oficinas de Tourinform: Puntos de información en 1052 Budapest, Sütö u. 2 (horario: de 8 h a 20 h) y en

La hora oficial en Hungría coincide con la establecida en Europa occidental, y por tanto es la misma que en la Península y Baleares, con las mismas fechas de cambio para el horario de verano. Dada su situación, en Hungría anochece aproximadamente una hora y media antes que en España.

1146 Budapest, Olof Palme sétány 5 (en el edificio de la City Park Ice Rink; horario: de 9 h a 19 h). Más puntos de información en Budapest Liszt Ferenc International Airport Terminal 2A (horario de 8 h a 23 h) y en la Terminal 2B (horario de 10 h a 22 h).

| Horario comercial

Los **comercios** abren de 10 h a 18 h todos los días, si bien cada vez amplían más sus horarios.

Los **restaurantes** permanecen abiertos desde las 12 h hasta las 14 h y de 20 h a 22 h, pero en la práctica el horario es más flexible, sobre todo en verano y en el centro de la ciudad. Hay restaurantes que sirven comida incluso después de medianoche.

Los **museos** y centros históricos hacen fluctuar sus horarios en función de la temporada; tienen más margen en verano y, en algunos casos, cierran en invierno.

| Descuentos

La **Budapest Card** (www.budapestinfo@hu/es/budapest-card), permite el acceso gratuito a museos, descuentos, visitas guiadas y transporte público urbano. Hay cinco tipos. La de 24 h cuesta 39 €, la de 48 h 53 € y la de 72, 69 €. La de 48 h sin derecho a transporte público está en 42 €.

Para visitar otras localidades húngaras es recomendable la **Hungary Card** (www.hungarycard.hu), válida para el año en curso por 26.680 Ft tres días. Descuentos del 50 por cien en viajes en tren y autobús, con casi 800 descuentos y promociones en transporte fluvial, museos, hoteles, restaurantes, compras, etc.

El **carné internacional de estudiante** (ISIC) permite obtener descuentos y reducciones en el precio de transporte, algunos museos y espectáculos. Los mayores de 65 años pueden usar los medios de transporte público gratis.

Los ciudadanos de la EU pueden visitar todos los museos estatales y Parlamento de Hungría sin pagar precio por las entradas.

| Transporte público

La empresa municipal de transporte *BKV* (www.bkv.hu) cuenta con servicios de autobuses, trolebuses, metro, tranvía y trenes HÉV. Para los desplazamientos por el centro de la ciudad y para acceder a los lugares de interés basta con el metro y el tranvía. El uso de autobuses o del tren de cercanías solo se hace necesario para lugares muy concretos o para viajeros alojados en el extrarradio. El horario es de 16.30-16 h hasta las 23 h-23.30 h para metro y tranvías. Durante la noche funcionan 33 autobuses, cuyo número comienza por 9, algunos de los cuales realizan el mismo trayecto del metro en superficie cubriendo así el servicio en las líneas más frecuentadas.

El sistema tarifario es complejo. Los billetes solo se adquieren en estaciones de metro o quioscos. Se validan siempre en el interior del transporte. Lo más práctico es adquirir un billete turístico para 1, 3 o 7 días. Billete sencillo entre 1 y 41,50 €. Un día: 15 €. 10 viajes y varias personas: 8 €. Válidos para casi cualquier medio de transporte, incluidos los trenes de cercanía, pero no en los funiculares.

Metro. La ciudad tiene cuatro líneas de metro (M1, M2, M3 y M4. Más info en www.bkk.hu). Existen planos de la red de metro en todas las estaciones y en los paneles informativos, así como del recorrido de cada línea en los vagones. La megafonía interior anuncia el nombre de la parada y de la estación siguiente.

La línea M1 de color amarillo, tiene un carácter histórico, con estrechos vagones con apliques de madera, conecta el centro de la ciudad, en Vörösmarty tér, con la plaza de los Héroes. La M2 de color rojo, enlaza la estación Déli con Örs vezér tere; y la M3 de color azul, un tanto anticuada pero provista de cómodos vagones, discurre entre Újpest-Zözpont hasta Kóbánya-Kispest. La M4 es de color verde.

Los billetes se adquieren en las cabinas de las estaciones, quioscos y oficinas de turismo. Solo es necesario validar los billetes para uno o varios transbordos en las máquinas amarillas situadas en los andenes. Hay interventores en la salida de numerosas estaciones y en los túneles de enlace de la plaza Deák.

Tranvía. En Budapest existen más de 30 líneas de tranvías de color amarillo que enlazan prácticamente todos los barrios y distritos. Hay líneas de tranvías nocturnos que operan 4 veces por hora. Son atractivos los recorridos de las líneas 2 y 19, que discurren por ambas orillas del Danubio. En las paradas está indicado el recorrido y los horarios de cada línea.

Los **billetes**, que no se venden en las paradas, se deben validar en el interior de los vagones en las máquinas situadas junto a las puertas. Al igual que en el metro, son frecuentes los controles.

El **tren de cercanías HÉV** cuenta con una serie de 5 líneas que llevan a barrios y localidades alejados del centro urbano. En la práctica funciona como un complemento al metro, siendo recomendable su

I Corriente eléctrica

El voltaje es idéntico al estándar europeo: 220 voltios con tomas de corriente para enchufes de dos bornes. Son compatibles todos los electrodomésticos y cargadores de baterías que se usan en España.

uso para desplazarse a Óbuda y Aquincum (salida de Batthyány tér) o al Palacio de las Artes y el Museo Ludwig (salida de Boráros tér).

Los billetes, además de los lugares de costumbre, se adquieren en las estaciones del HÉV o en el propio tren. El billete básico solo es válido para los desplazamientos por el municipio de Budapest; una vez sobrepasado este, es necesario pagar un suplemento (por ejemplo, para ir a Szentendre).

Autobuses. La red de autobuses es la más tupida, en cuanto al transporte público de Budapest, sin que en la práctica exista una zona de la ciudad sin acceso directo. Son casi 200 líneas de autobuses de color azul con paradas, en las que también se indican los destinos y el horario.

Hay autobuses con el número enmarcado en rojo, que indica que se trata de un servicio *Express* que realiza pocas paradas y otros con la letra *E* que señalan que se trata de un servicio nocturno. Los billetes se deben validar al entrar y es aconsejable usar los botones de aviso para indicar al conductor que se desea bajar en la siguiente parada, ya que si no hay pasajeros esperando el conductor puede pasar de largo.

Las 15 líneas de **trolebuses** funcionan con el mismo sistema, aunque su uso no suele ser necesario para los turistas, ya que realizan recorridos por el extrarradio.

Taxis. Los precios constan de tres partes: la bajada de bandera, que varía en horario diurno y nocturno; el precio por kilómetro, de acuerdo con la distancia recorrida, dependiendo si es durante el día o por la noche, y la tasa de espera, que se aplica cuando el coche está parado o avanza a menos de 15 km/h. Las tarifas deben de figurar en un lugar visible del coche, tanto en el panel de mandos como en la puerta trasera. Aunque resulte paradójico es más barato reservar un taxi por teléfono que pararlo en la calle. Los taxis de las grandes compañías ofrecen mejores precios que los privados.

He aquí algunas de las empresas de taxis para llamar existentes en la ciudad: *6x6 Taxi* (telf. 2 666 666), *Buda Taxi* (telf. 2 333 333), *Budapest Taxi* (telf. 4 333 333).

Navegación fluvial. En Budapest proliferan los recorridos por el Danubio y muchos de ellos incluyen consumición o incluso bailes, como es el caso de los barcos fluviales Legenda (legenda.hu), una especie de "burbujas de cristal" que protegen a los pasajeros de los elementos al mismo tiempo que les proporciona una vista de 360° de la ciudad. También es posible alquilar un barco y organizar un recorrido por cuenta propia.

El itinerario más sencillo recorre el tramo del Danubio a su paso por Budapest durante hora y media. Las salidas se realizan desde el embarcadero de la plaza Vigadó. En temporada alta estos barcos cuentan con salidas nocturnas que incluyen cena y baile.

Para realizar trayectos largos, los recorridos más atractivos son los que alcanzan la curva del Danubio: los barcos con destino Visegrád y Esztergom. De Budapest a esta ciudad se tarda una hora y media en el servicio rápido y más del doble en el lento. El precio oscila entre los 8 €. y los 12 €. Más información en www.mahartpassnave.hu. Si buscas algo un tanto diferente, prueba *RiverRide* (riverride.com), un autobús anfibio que se convierte en barco para navegar por el Danubio.

▌ Al volante

Para circular por Hungría se necesita el permiso de conducir, el seguro (el seguro obligatorio español incluye la cobertura de responsabilidad civil exigida en Hungría), la documentación del vehículo y el distintivo del país.

El **límite de velocidad** en la ciudad es de 50 km/h. En Hungría rigen las reglas de circulación vigentes en los demás países europeos sobre señalizaciones, velocidad, adelantamientos, uso de cinturones de seguridad, luces, cascos en motos y prohibición de uso de teléfonos móviles. Está absolutamente prohibido conducir después de ingerir cualquier cantidad de alcohol, no hay tasas mínimas, con importantes multas en caso de infracción.

Es obligatorio circular con la luz de cruce, tanto de día como de noche fuera del casco urbano.

Las velocidades máximas siempre que no haya otra indicación son: 50 km/h en ciudad, 90 km/h en carretera, en autovía 110 km/h y en autopista 130 km/h.

En caso de **avería** o **accidente** es recomendable avisar a la **policía (Telf. 107),** para que levante un atestado con el balance de daños. Es muy recomendable ponerse en contacto con el **Real Automóvil Club Húngaro** marcando el telf. **088.**

▌ Teléfono

Todos los números de Budapest son de siete dígitos para **llamadas urbanas** (en esta guía todos los números que se incluyen aparecerán con todos estos

dígitos). Para **llamadas interurbanas,** primero hay que marcar 06, luego añadir los prefijos locales de dos cifras, salvo en el caso de la propia ciudad de Budapest cuyo prefijo es el 1, y a continuación el número deseado de siete dígitos.

Para realizar las llamadas internacionales hay que marcar siempre el 00, a continuación el código del país (34 para España) y a continuación el número deseado.

Para llamar **desde España a Hungría** hay que marcar 00 36, a continuación el prefijo local (recuerde que el correspondiente a Budapest es el 1) y a continuación el número deseado de siete cifras.

❙ Sanidad

Los ciudadanos españoles pueden usar en Hungría la Tarjeta Sanitaria Europea para recibir gratis asistencia sanitaria básica y en Urgencias.

Los medicamentos solo se venden con receta. Hay turno de **farmacias de guardia** en los 23 distritos

❙ Idioma

El idioma húngaro o magiar no es una lengua indoeuropea, sino que pertenece a un grupo en el que se incluye el finés, el estonio y algunas lenguas minoritarias de Rusia y Siberia. Son muy pocas las palabras que pueden sonar conocidas. Su pronunciación presenta numerosas diferencias con respecto a otros idiomas europeos. El alemán ha sido tradicionalmente la segunda lengua, pero el inglés se ha impuesto definitivamente, como segunda lengua en la enseñanza, y es hablado por la mayoría de la población menor de 50 años.

Español	Húngaro	Español	Húngaro
No	Nem	¿Cómo está usted?	Hogy van?
Sí	Igem	Muy bien	Nagyon jól
Gracias	Köszönöm	Bien, gracias	Jól, koszonom
De nada	Szívesen	No entiendo	Nem értem
Perdón	Bocsánat	Comprendo	Értem
Por favor	Kérem	¿Habla español?	Beszél spanyolul?
¿Cuándo?	Mikor?	¿Habla inglés?	Beszél angolul?
¿A qué hora?	Hány órakor?	Soy español	Vagyok spanyol
No hablo húngaro	Nem beszélek	¿Cómo estás?	Hogy vagy?
	magyarul	¿Cómo se llama?	Hogy hívják?
Hola, Buenos días	Jó napot	¿Cómo te llamas?	Mi a neved?
Buenos días		Abierto	Nyitva
(por la mañana)	Jó reggelt	Cerrado	Zárva
Buenas noches	Jó estét	Lejos	Messze
Hasta luego, adiós	iszont látásra (formal);	¿Dónde está...?	Hol van...?
	Szia, Szervusz (infor-	Estoy buscando...	Keresem...
	mal)	¿Puedo verlo?	Megnézhetem?
Buen viaje	Jó utat	Solo estoy mirando	Csak nézegetek

de Budapest y algunas con servicio las 24 horas del día: *Terez Patika* (Teréz körút 41), en el centro de Pest, y *Déli Gyógyeszertár* (Alkotas utca), en Buda, cerca de la estación Déli).

I Correo

Todas las oficinas de Correos están abiertas de lunes a viernes con un horario que va desde las 8 h hasta las 18 h, excepto en el caso de las estafetas ubicadas junto a las estaciones de tren, cuyo horario se amplía hasta las 21 h.

La **oficina central** de servicio de atención al público se localiza en Petöfi utca. 17/19; con sucursales en Teréz körút 51 y Baross tér 11. Para correo ordinario de cartas y postales, se aconseja preguntar en los hoteles, ya que la mayoría ofrece servicio de franqueo y buzón de recogida sin necesidad de desplazarse a las estafetas de Correos.

I Viajeros con movilidad reducida

Budapest es una ciudad incómoda para viajeros con alguna discapacidad física, y apenas existen accesos especiales en el transporte urbano y no se han eliminado las barreras arquitectónicas en museos y lugares de interés. La **Asociación Húngara de Discapacitados** (MEOSZ, www.meosz.hu) facilita información en inglés para viajeros con limitaciones en el telf. 388 23 88.

Índice de lugares